Renate Angela Seraphine Ettl

A T R E A

Unterstützung auf dem Weg zum geistig-spirituellen AUFSTIEG

in harmonischer Einheit mit dem HIER + JETZT

Ich respektiere deine PERSÖNLICHKEIT –
ICH ACHTE DICH!
Ich verneige mich vor deinem SEIN,
deiner Entwicklung!

Dieses Buch möge nicht nur eine angenehme Lektüre darstellen, sondern auch Anregungen geben zum Umdenken, zur Wandlung. Hilfestellungen und Hinweise sind darin verborgen, genau so ganz klar, wie sie für den Einzelnen erkennbar, spürbar und ernsthaft umsetzbar, seiner / ihrer Entwicklung entsprechend anwendbar sind.

Impressum

Medieninhaber (Verleger) & Herausgeber:
Renate Angela Ettl
A-8010 Graz, Moserhofg. 54/VII/37
Tel/AB/Fax ++43/316/82 22 05
Email: renateangelaettl@atrea3.at
Internet: www.atrea3.at

Lektorat: Mag. Reinhard M. Czar
www.derbleistift.at
Grafik: Christian Wallner
www.wallner-media.at

Legende

meine Gedankenblitze

Quelle: Internet

Quelle: externe Printpublikation

Meditation

>>
Fortsetzung der Meditation

auf CD erhältlich

Inhalt

Einleitung

Der Sinn dieses Buches besteht darin, jenen Menschen, die sich gerne spirituell weiterentwickeln möchten, eine Handhabung zu geben, um all diese Erkenntnisse in das tägliche Leben zu integrieren und sich somit manches verständlicher werden zu lassen, weshalb es so gelaufen ist oder und weshalb etwas auch anders sein könnte. Wer die ganz persönliche Entwicklung und Bereitschaft, sich zu öffnen, auf Entdeckungsreise mit und in sich selbst zu gehen, sucht, der hat sich hier etwas ausgesucht und macht es sich zum Geschenk: Nicht nur zu lesen, sondern auch Umsetzungen zu versuchen, also selbst die Entscheidungen für das Leben, für die Lebensaufgaben zu übernehmen – mit vielen Hilfestellungen, die dieses Buch bereithält. Das tägliche Leben verstehen lernen und natürlich auch leben, sich selbst leben.

Alle meine Erzählungen sind Selbsterlebtes. Auch meine Schlüsse, die ich daraus gezogen habe und damit dir übermittle. Mach deine Seele auf, lass deine Intuition, deinen Spirit leben! Räume ganz viel Platz in dir ein! Ich weiß, es ist gar nicht so einfach: Wie stelle ich das an? Genau das ist auf den folgenden Seiten erklärt oder zumindest so gesagt, dass es nachvollziehbar ist. Es gibt nichts **F A L S C H E S!** Alles ist richtig, was du erlebst, weil es in dir entstanden ist. Vieles ist, und das besonders am Beginn, überhaupt nicht verständlich. Auch später kommt dann wieder die Zeit, wo wir schon glaubten, alles, na, sagen wir vieles, schon begriffen zu haben. Es ist ein ständiger Wandel, es ist ein ständiges Weitergehen: entdecken, aufdecken, aber auch wieder zu entdecken – FÜR SICH!

Ich kann nicht umhin, um Vergebung zu bitten, wenn ich dich in meinen Erzählungen mit DU anspreche, mit dem verbindenden DU. Es ist mein ganz persönliches Empfinden, dies so zu tun – einfach um uns vielleicht schon etwas näherzukommen, näher zu sein. Damit ein besseres Hineinfühlen gewährleistet ist. Das Wort „WIR" bedeutet Vereinigung. Die Anrede DU ist persönlicher, zeigt Vertrautheit, aber auch Individualität.

Dieses Buch einfach mal so nur nebenbei zu lesen kann zwar auch Anregungen bringen, in der Stille ist es jedoch vorteilhafter. Mit einem Notizblock für die eigenen Empfindungen ausgestattet zu sein ist ebenfalls empfehlenswert. Einfach darauf achten, was einem so „nebenbei" zufällt. Bitte beachte das unbedingt, es ist wichtig! Dies gehört schon zu den ersten Schritten, die du machst. Weil du nun geöffnet bist und ohne Zwang und ohne Erwartungshaltung Wort für Wort zu verstehen versuchst. In dieser Zeit ist man besonders empfänglich, wenn man mit dem Lesen beschäftigt ist, ist man frei, frei, um plötzliche Einfälle, plötzlich auftretende Gedankenblitze wahrzunehmen. Niederschreiben! Dokumentieren! Festhalten!

Es ist nicht das, was man in den nächsten Minuten einsetzen kann. Das ist meist nicht der Fall, weil man es noch nicht versteht, was dieser Gedankenblitz uns sagen will.

Das Notieren ist wichtig und ausgesprochen hilfreich. Da wir oft erst nach Monaten auf ein Wort, eine Erinnerung, ein Empfinden zurückgreifen werden. Früher oder später wirst du wissen, was ich damit gemeint habe, wie wichtig es ist, DICH zu leben, zu dokumentieren, dich zu vervollständigen. Als Ganzheit zu sein, zur Ganzheit zu werden.

Am Beginn steht das Wort – mein Wort, zu dem ich stehe. Das Versprechen, welches ich hiermit abgegeben habe. So ist es möglich, auch meinen Aufbruch zum Neuen – Unbekannten – zu starten.

Es gibt keinen Grund, ängstlich zu sein – zu werden. Mut und Zuversicht sind nun unsere Begleiter. Ein Wegweiser ist in mir – vielleicht dient dieses Buch dazu, auch dich darin zu unterstützen, dir Hilfe und Unterstützung zu vermitteln. Nimm dir einfach nicht zu viel vor. Es ist wichtig, dass du dir Zeit lässt, dir selbst dein Tempo vorgibst, wie schnell. Aber Vorsicht, sei nicht zu ehrgeizig. Es könnte dir dabei die Luft im wahrsten Sinn des Wortes ausgehen. Vor allem jedoch könnte sich statt Mut, Freude, Zuversicht auch Mutlosigkeit einstellen. Also, stelle deinen Tempomat auf eine Geschwindigkeit ein, wo du noch genügend Spielraum zum Ausruhen, zum Verweilen, zum Innehalten hast. Sei keine Maschine, die Tag und Nacht ununterbrochen läuft. Ein Tempomat ist in dir, der deine GESCHWINDIGKEIT regelt.

Wie kann ich mentale Fähigkeiten entwickeln? Wie kann ich mentale Fähigkeiten leben? Im HIER und JETZT! Nicht irgendwann, irgendwo. Es geht um meine Lebensaufgabe in diesem Leben. Nur das Hier und Jetzt zählt, gilt es zu bewältigen mit der Hilfe meiner Möglichkeiten, meiner Fähigkeiten, die ich bereit bin, nun auszubauen.

Lebe dich – lebe die lebendige Spiritualität!

Anmerkungen:

1. Wir vermeiden hochgestochene, spezielle Ausdrücke, um jede Leserschicht ansprechen zu können.
2. Liebe weibliche Wesen – Verbündete –, seid mir nicht gram, dass ich die vereinfachte Form der Anrede verwende. Wir sind alle Menschenwesen, ob weiblich oder männlich.
3. Gedankenstriche oder Punkte sollten dich, liebe Leserin, lieber Leser, veranlassen, kurz innezuhalten … offen zu sein für eigene Gedankenblitze, Gefühle, Emotionen, Erkenntnisse.
4. Dass „+" Zeichen bedeutet immer eine ganz enge Verbindung, also untrennbar! Interpunktionszeichen sind für mich auch oft ganz wo anders zu finden. Unterstreichungen, Fettgeschriebenes, in Großbuchstaben Geschriebenes hat bei mir einen sehr hohen Stellenwert, weil es die momentanen Impulse, Empfindungen zum Ausdruck bringt, widerspiegelt.

Gedankenblitze

In diesem Moment vibriert mein Körper – es ist etwas NEUES – eigentlich stimmt das gar nicht. Unzählige Male habe ich versucht, das Buch zu schreiben. Unzählige Male war ich mit mir, mit dem Geschriebenen unzufrieden. Es war NIE vollständig. Es entsprach NIE wirklich dem, was ich in meinem Inneren fühlte. Es war immer nur ein Abklatsch von dem, was man etwas Großes nennt.

Traumhafte Vorstellungen, Wachträume, Visionen, „zufällig" Gehörtes erinnern uns an unser Leben und die Aufgaben, die wir uns zur Erfüllung erwählt haben, ausgesucht haben. Es ist einfach fantastisch zu erkennen, wie es aus mir herausbricht, ich etwas sage, was ich zuvor überhaupt nicht im Entferntesten gedacht habe. Ja, mir nicht mal eines Ansatzes eines Gedankens bewusst war. So, nun ist es draußen, und ich kann zu mir sagen: Oh Gott, was habe ich gesagt? Oder ich kann erstaunend mich darüber freuen, was soeben passiert ist. Den Empfänger wird es ebenfalls wie ein Blitz aus dem heiteren Himmel treffen. Er wird gar nicht wissen, wie er damit umzugehen hat. Da bist du wieder auf den Plan gerufen, um deine Hilfestellung anzubieten. Wenn dies gerne angenommen wird, dann tue es. Ungefragt sollte es tunlichst vermieden werden, es sei denn, es bricht wieder aus dir heraus – dann ist dies die Führung, die Führung Gottes, die uns dabei unterstützt, die Lebensaufgaben zu erfüllen. So kommt eines zum anderen. Es ist eine gediegene Vorgangsweise, noch nichts Spektakuläres.

Übrigens, erwarte NIE, dass dich dein Spirit zu Spektakulärem führt und du plötzlich als Wunderwuzzi aufscheinst. Nein – in der Stille und in der Spontaneität liegt die Weisheit. Versuche jedoch auch nicht, irgendwas zu definieren, mit deinem realen Geist etwas zu erklären, du liegst damit ganz sicher daneben. Schweige, lasse es einfach ruhen, bis zu diesem Zeitpunkt, wo du wieder selbst über dein Menschsein hinausgehst. Du bist dabei immer im HIER und JETZT. Es ist kein Abgehobensein, sondern das Natürlichste von der Welt. Warum ich das sage? Na klar, weil ich damit so meine Erfahrungen habe. Wenn ich versuchte oder mich auch jetzt noch manches Mal dazu verleiten lasse, mit dem Kopf Erklärungen für mich oder andere zu geben, liege ich ganz sicher vollkommen daneben. Es sei denn, den Menschen, dem man das Anvertraute sagte, hat es so stark beeindruckt, dass er nicht mehr unterscheiden kann, ob es real oder fiktiv ist.

Es ist kein Wunder, wenn man mit dem irdischen, oft hochgezüchteten Verstand versucht, etwas zu verstehen, zu analysieren, zu hinterfragen. Die Antwort wird immer die sein, die uns der reale Verstand aus Erlerntem, selten aus Erfahrungen mitteilt. Würden wir die Kraft besitzen und diesen Verstand dankend ablehnen, um etwas später, wenn wir nicht mehr bewusst daran denken, freien Lauf zu lassen – dann geschieht es auch. So, nun wäre es gut gewesen, wenn wir auf eine Seite eines Blattes geschrieben hätten: reales Denken – zugefallene Gedanken. Dann gehe her und vergleich mal beides. Du wirst erstaunt sein, welch große Unterschiede es gibt. Danach kannst du nun selbst entscheiden: Nehme ich das, was mein reales Denken mir vorschreibt, oder das, was mir zugefallen ist. Vorwiegend wird wohl das reale Denken den Vorzug erhalten. Auch klar. Wir besitzen noch nicht den MUT und das Selbstvertrauen, uns für das Zugefallene zu entscheiden. Das reale Denken gibt uns eben mehr Sicherheit. Wer von uns möchte sich doch nicht immer SICHER sein, dass das, was er macht, auch richtig ist. Auch wenn es falsch sein mag. Es geht überhaupt nicht um RICHTIG oder FALSCH! Es ist immer richtig, was du machst, weil es zu deiner Fortbewegung, deiner Entwicklung, deinen Erkenntnissen antreibt. Vielleicht erzeugst du durch diese immer wiederkehrenden Erfahrungen mehr Selbstvertrauen.

Es geht uns doch allen so – alles, was andere sagen, scheint für uns richtiger oder, besser gesagt, leichter, verständlicher umsetzbar zu sein. Weil man den Ausgang erkennen kann. Mein Zugefallenes – ich weiß nicht, wie es weitergeht. Meist tun wir sogar so, als wäre das alles ein Blödsinn, Widersinniges, Absurdes, nicht umsetzbar. Du wirst erstaunt sein, wenn du dich dazu „verleiten" lässt, wie leicht sich das Zugefallene doch umsetzen, verwirklichen lässt. Und welche großen, erleuchtenden Wege aufgeschlossen werden.

Also, es ist und bleibt immer eine Entdeckungsreise – auf die du gehen kannst oder nicht. Es ist wirklich erstaunlich, wie die Menschheit doch gerne auf Reisen in ferne Länder geht, versucht ihre Kulturen zu entdecken und zu verstehen. Wo bleibt die Reise in dein Inneres? Das Innere, welches dann zum Äußeren, zu deinem Selbst wird.

Ich höre dich jetzt sagen, das MUSS ich probieren. MUSS ist schon gar nichts, spielerisch, wie Kinder es tun. Spielerisch, mit Leichtigkeit wie Kinder, mit Unvoreingenommenheit, OHNE Fragchaltung – NEIN! Schauen, ob es funktioniert und wie es funktioniert. Eines ist sicher, das weiß ich ganz genau: Es funktioniert!

Du fühlst schon vorher, was der Mensch mit dir vorhat – vielleicht spürst du ein Unbehagen – dann weißt du, dass du hier vielleicht einen Schritt zurückweichen solltest, etwas Distanz zum anderen herstellen sollst. OHNE ihn jedoch sofort abzulehnen. So würdest du es nie lernen, dich auf dich, auf deine Wahrnehmungen zu verlassen. Du sollst doch wissen, wie stabil und standfest du bist, dass du dich nicht manipulieren lässt. Mit einem Lächeln vielleicht dem anderen die Grenzen aufzeigen kannst. Er wird es mit ziemlicher Sicherheit nicht wieder versuchen. Er wird es vielleicht das nächste Mal mit etwas mehr Schläue angehen. Auch das wirst du vermutlich durchschauen.

Es ist kein Voodoo, sondern eine Energie, die in uns war, etwas verkümmerte oder einbetoniert wurde. Ein Fühlen, intuitives Erfassen. Eine Wahrnehmung die aus unseren (derzeit) noch tiefen Schichten hochsteigt. Ist das so? Empfindest du das auch so? Ich freue mich, sehe förmlich dein zustimmendes Nicken, vielleicht sogar ein Strahlen deiner Augen. Es beglückt dich, etwas zu lesen, auch wahrzunehmen, was du schon unterschwellig empfunden hast. JETZT, ja, jetzt hast du die Bestätigung bekommen, da gibt es noch ein Menschenwesen, das dasselbe empfindet und sogar den Mut hat, das öffentlich zu machen, darüber zu schreiben. Glaube mir, das war auch für mich gar nicht so ohne! Auch ich hegte Zweifel, wollte mich nicht noch mehr dem Spott und Hohn aussetzen. Jetzt ist es so weit, und ich freue mich darüber. Ich freue mich über mich selbst. Kannst du es auch? JA? SUPER, dann habe ich weitere Verbündete.

Ein anderes Erlebnis, das dir zeigen soll, wie wichtig es ist, sich selbst zu lieben, zu verstehen und auch zu verzeihen: Wie ich schon erwähnte, ist dies ja der x-te Anlauf, mein Buch zu schreiben. Immer wieder habe ich mir selbst nicht genügt, war überaus kritisch, habe geschrieben und wieder verworfen. Vor kurzer Zeit hat mich ein lieber Bekannter, der selber auch Autor ist und mir versprach, mich bei meinen ersten Gehversuchen zu unterstützen, gefragt, was denn mein Buch mache. Da schämte ich mich, dass ich noch immer nichts wirklich Namhaftes zu Wege gebracht hatte. Also, das Schämen bringt mich nicht weiter. So begann ich wieder von Neuem. Jedoch mit dem inneren Vorsatz und der Gewissheit, jetzt, ja, jetzt ist es so weit. Nun funktioniert es, weil ich mir auch vornahm, nicht mehr hinter meinen vermeintlichen oder doch bestehenden Fehlern herzujagen. Das Kritisch-Sein überlasse ich nun meinem lieben Freund Reinhard; er, der ERFAHRENE, kann es doch besser beurteilen als ich.

Ich schmunzle über mich selbst, das ist ja ein hervorragendes Zeichen, so kann ich leichtfüßig bleiben.

Schuld bin ich selbst an diesen Verzögerungen. Ich sehe es jedoch als Aufgabe, dass ich gelernt habe, auch passiv zu sein – also besser hin- und zuzuhören.

Wenn ich zu dir und zu mir ehrlich bin, habe ich es mir viel zu kompliziert vorgestellt – na, es hat mich mein Perfektionismus wieder mal überrollt und auch gleich stagnieren lassen. Es fließt aus der Feder, im wahrsten Sinne des Wortes, meistens jedenfalls – wenn ich das alles erdacht hätte – welch ein gewaltiger Aufwand, schier unmöglich, dies zu erfüllen. Als ich nun die Treppen hochging, fiel mir gerade zu, dass das nun auch zu diesem Absatz hinzugefügt werden könnte. Deshalb noch einige Anmerkungen:

Hoch erhobenen Hauptes spaziere ich einher mit meinen neuen Errungenschaften. Ich sehe in diesem Buch meine Aufgabe, mein Wissen, meine Erfahrungen und gewonnenen Erkenntnisse vielen, ich hoffe sehr vielen, Menschenwesen weitergeben zu dürfen. Wenn du es liest, wirst du mit mir verbunden sein und vielleicht auch ein Stück weit mit mir zusammen gehen können, wenn es dein Wunsch ist. Du darfst deiner Vervollkommnung entgegeneilen oder auch langsam gehen, genau so, wie es sich für dich gerade richtig und gut anfühlt. Das Eilen birgt natürlich schon auch Gefahren, weil dann möglicherweise wichtige Details verloren gehen, zu wenig Beachtung finden könnten. Also, genau deinem Tempo angepasst. Du merkst es ohnehin, wenn Eile geboten ist oder auch einmal Stillstand. Also stelle deinen Tempomat so ein, wie du es für dich richtig hältst und angenehm empfindest.

Es liegt mir fern, irgendjemandem Dogmen, Richtlinien vorzugeben. Es gibt lediglich Denkanstöße und Hinweise von mir. Selbst kann sich natürlich jeder so seine eigenen Regeln aufstellen, sie befolgen oder auch nicht. Dies ist nicht meine Aufgabe, zu überwachen oder mich in irgendeiner Form dazu zu äußern.

Es ist oft besser, neue, andere Wege zu beschreiten, um sich von alten Denkmustern zu distanzieren. Ob es für mich – für sie, für ihn vorteilhaft ist, sein wird, ist des Menschenwesens Entscheidung.

Für mich stellt es auch eine Erleichterung dar, dass dieser Mensch mich nicht mehr mit hinunterziehen kann. Somit ist es für mich ein Erfolg.

Irrwege werden beschritten – aber es ist immer der Irrweg desjenigen, der es sich erwählt hat. Ob er, der Mensch, diesen Irrweg braucht oder nicht … es ist jedenfalls nicht der meine – liegt NICHT in meiner Verantwortung.

Beim Schreiben fehlen Buchstaben, ja sogar Wortteile, unvollständige Sätze, sowohl beim Schreiben mit der Hand als auch am PC. Gedankensprünge sind meiner Erfahrung nach immer ein Zeichen, dass man sich im Alpha-Zustand, im göttlichen Sein befindet. Völlig unnötig, sich dadurch vom Fortschritt, der Weiterentwicklung abbringen zu lassen. In 50 Jahren wird es das überhaupt nicht mehr geben, wir – ich nicht mehr – oder vielleicht wieder – werden uns über die Kleinkariertheit, Engstirnigkeit wundern. Wir verstehen uns ohne Worte – rein aus dem Gefühl heraus.

Bedenkenlos können wir uns stets diesen, unseren Empfindungen hingeben. Dies gab es schon und wird es auch wieder geben. Vertrauen zu unseren Fähigkeiten wird NIE mehr ein Thema sein, sondern nur Selbstverständnis. Wir sind einfach. Die Sorgen, die uns jetzt oft quälen, finden in diesem Sein, in dieser Wirklichkeit keinen Halt, keinen Nährboden mehr.

Die Neuankömmlinge werden diesem mit allem Verständnis begegnen. Das Lesen dieses Buches oder auch anderer Bücher wird nicht mehr vonnöten sein. Sie wissen bereits, was hier vermittelt wird. Sie FÜHLEN es. Diese Besonderheit ist dann bereits Realität, Selbstverständlichkeit. Fragwürdigen Geschöpfen wird von vornherein das Handwerk gelegt.

Beispiel:

Mein Lesen funktioniert so – ich sehe nicht die einzelnen Buchstaben, oft nicht einmal die Worte, sondern nur das Wortbild, den Satz. Deshalb ist es für mich auch sehr schwierig geworden, Korrektur zu lesen. Deshalb bin ich auch für meinen Schutzengel – Raphael – Reinhard so dankbar, dass er mir zur Seite gestellt wurde und er die Zustimmung dazu gegeben hat. Manches Mal schmunzle ich, weil ich in meiner Jugend im Telegraphenamt, also bei der Telegrammannahme und -weiterleitung gearbeitet habe, und da achtete man akribisch darauf, alles möglichst kurz zu halten. Eben im Telegrammstil, was heute in dieser modernen Kommunikation oft bei den SMS zu finden ist, verwendet wird. Diese darin enthaltenen Abkürzungen sind jedoch für Außenstehende oft nicht wirklich verständlich.

Dank sei Gott, dem Herrn. Ich bin in Gott und Gott ist in mir und ich bin DAS göttliche Wesen, so wie du und du und du. Wir aber sind es. Auch wenn es manches Mal nicht mehr den Anschein erweckt. Die Welt verkehrt erscheinen lässt. Bleibe auf „DEINEM" Weg. Hole dir Anregungen, Denkanstöße, Hinweise und sicherlich auch oft Bestätigungen, dass du auf dem RECHTEN – dem GERECHTEN – dem WAHRHAFTEN Weg bist. Wahrheit + Wahrhaftigkeit sollte stets gelebt, geübt werden, auch dann, wenn es sehr, sehr schwierig wird. Es gibt nur eine Wahrheit, und das ist die göttliche Wahrheit in mir!

Dein Leitsatz sein soll. Ich bin die Liebe. Die reine Liebe.

Es geht ums Zulassen der Intuition, des Bauchgefühls oder der göttlichen Eingebung. Egal, wie du es auch immer nennen magst, es ist anders als das reine Kopfdenken. Spürst du es? Kannst du es erkennen? Wie wunderbar, wie fantastisch, einmalig. Hurra, dein Inneres kann jubeln, endlich hast du die Genehmigung erteilt, gegeben, lässt es nun zu!!

Beispiel:

Zuerst schenke ich mal JEDEM Menschen mein Vertrauen, ohne Vorbehalte. Sehr rasch spüre ich aber dann Abneigung, wenn dieser Mensch sich unsicher fühlt. Mich zu belügen beginnt, oft aus nichtigen, unerklärlichen, undurchsichtigen und unverständlichen Gründen. Für mich ist das so. Sie meinen, besser da zustehen, wenn sie mich belügen. Oft fühlen sich die Menschen dann stark, weil sie glauben, ich würde sie nicht durchschauen. Finden mich lächerlich. Belächeln mich, was natürlich noch die harmloseste Art und Weise ist, sich selbst zu belügen.

Nicht immer habe ich die Möglichkeit, die Erlaubnis, dies auch offen auszusprechen, sie auf ihr Verhalten, ihr wirklich unnötiges Verhalten hinzuweisen. Mich stimmt es meistens sehr, sehr traurig. Ich möchte es auch nicht verhehlen, dass mich auch eine gewisse Enttäuschung erfasst. Diese Aufgabe ist für mich immer wieder eine Herausforderung! Respektvoll und achtungsvoll zu bleiben fällt mir wohl auch nicht immer leicht.

Dank sei Gott, dem Herrn – ernten kannst, noch viel ernten kannst ob deiner uneingeschränkten Offenheit, deiner Anstrengungen. Möge es dich stärken und deine Entwicklung, Weiterentwicklung fördern.

Natürlich wird es auch ab und an etwas weniger strahlender ... da ich mich als Mensch fühle + auch agiere. Dennoch ist mein stetes Trachten in die Richtung des Göttlichen.

Gegeben hab ich vieles – zurückerhalten wenig ... das ist aber auch gar nicht mein Bestreben, sondern das Bewusstmachen vom Göttlichen in DIR, in MIR, in uns ALLEN (Intuition). Meine Kopf-Formulierung wäre garantiert eine andere ...

Ich werde ganz sicher nicht lügen und irgendein Wesen als Sender zitieren! Was sehr gerne als Channeling mit einem aufgestiegenen Meister oder Engel bezeichnet wird.

Ich bin der Empfänger meines Göttlichen Seins, als Sender in mir.

Die Treppen hochzugehen ... mit Flexibilität und Offenheiten helfen mir, die Stufen nach oben zu gehen. Die Kombinationsgabe ermöglicht es mir, auch die Zusammenhänge zu verstehen.

Beispiel:

Spiritualismus – Weiterentwicklung – JA zu sagen – mit Sanftmut – LANGSAM vorwärts zu gehen sind unverzichtbare Komponenten.

Wir schulen unseren Verstand, saugen, nehmen Wissen auf – lassen jedoch unser „Bauchgefühl" außer Acht. Beides hat seine Daseinsberechtigung – keine Einseitigkeiten, NUR mehr ein Zusammenwirken von „BEIDEN". Vereinigung von BEIDEN – so dass sie EINS sind, werden und bleiben.

Zweifel beseitigen möchte ich auch nicht, denn auch das gehört einfach dazu. Wenn man gewillt ist, alles bedenkenlos ohne kritische Betrachtung hinzunehmen, sind wir auch auf eine Schiene aufgesprungen, die wir vermeiden sollten, sie zu benutzen. Nur die eigenen Erfahrungen und Erkenntnisse können uns weiterlernen lassen. AHA-Erlebnisse beim Lesen dieses Buches – kannst du sagen, ach ja, das habe ich auch schon erlebt – bestätigen dich, deine Entwicklung. So erreichst du deine Gewissheit, dass du da fortsetzen sollst. Ohne unnötigen Aufenthalt ... Ruhepausen sind jedoch unbedingt einzuhalten. Die benötigen wir.

So könnte es auch sein: „Ich bin nicht immer konsequent dabei, mich für mich zu interessieren“ – das Schleifenlassen funktioniert ja wesentlich leichter, man hat jedoch einiges aufzuwenden, um das „schlechte“ Gewissen zu beruhigen, zu besänftigen, zu dämpfen oder „einzubetonieren“.
Wir beginnen mit Sehen, Hören, Fühlen! Mit der Beachtung aller Veränderungen in unserem Wesen, aufmerksam beobachtet, beachtet und aufgeschrieben. Die Zusammenhänge verstehen lernen, daraus Erkenntnisse gewinnen.

Ich werde dir auch einige Beispiele erzählen, damit du deine eigenen Informationen auch für dich leichter und besser verwenden kannst, Zugang zu dir selbst bekommst und das Herausfinden der eigenen Fähigkeiten immer im Vordergrund stehen möge. Werde bitte nicht mutlos, es funktioniert wirklich! Vieles ist miteinander verwoben, ohne dass es uns wirklich bewusst wird. Erst die Erfahrung zeigt es uns. Ich zum Beispiel bin unter der Dusche immer recht erfolgreich oder beim Kochen, beim Zähneputzen … oder oder oder …. das zeigt, wenn man mit etwas anderem beschäftigt ist, haben die Gedankenblitze die Möglichkeit, sich in uns zu manifestieren.
Mit deinen Erfahrungen bist du ein Fels in der Brandung, für dich und für viele Menschen in deiner Umgebung.

Glaube nur nicht, dass nicht auch jene Menschen, die auf dem geistig-spirituellen Weg gehen, mit keinen Anfeindungen, Erniedrigungen, Lügen und Ablehnungen konfrontiert sind.

Ich kann keine Wunder versprechen – es wird jedoch leichter, und man ist freier um Entscheidungen zu treffen. Deine Entwicklung kann in eine Leichtigkeit übergehen.

Man glaubt nämlich, dass Menschenwesen, die auf dem geistig spirituellen Weg gehen, DUMM sind und sich alles gefallen lassen müssen, zuzulassen haben. Sie beschränkt sind. Sie ohnehin von niemanden ernst genommen werden. Allerdings vergessen sie, dass gerade diese Menschenwesen intuitiv die Lügen, die Machenschaften erkennen! Wissen, was los ist, was manipuliert wird! Also Vorsicht, wir wissen noch mehr .... und dennoch begeben wir uns in die Hölle, nicht Höhle des Löwen, um diesen Wesen aufzuzeigen, wer sie sind, wobei sie das nicht wirklich erkennen wollen.

Sei eine Kosmopolitin, ein Kosmopolit – ein Weltenbürger, egal, wo du auf dieser Erde wohnst, lebst. Fühle dich mit deinen Aufgaben mit Leichtigkeit verbunden und der Freude verpflichtet.

Die meisten Eltern erkennen, wenn die Kinder lügen – sie sind nicht wirklich Hellseher – intuitiv erkennen sie es ...

Nehmen wir Menschenwesen her, die zum Beispiel in der Natur leben – man hat sie gleich als Hexe oder Hexer bezeichnet, wenn sie das Vorteilhafte aus der Natur gewonnen haben. Oder damit auch oftmals Heilungen, Linderungen herbeiführen konnten. Alle Menschen, sagen wir viele Menschen, die sich stark mit der Natur verbunden haben, haben einen ganz besonderen Zugang zur Intuition. Auch diese Naturverbundenen werden oft als Spinner, abstrakte Geschöpfe gesehen. Es sind jedoch nicht jene Menschenwesen gemeint, die sich von Fanatismus leiten lassen. Achtung verdienen sie doch, so wie alle Menschen. Beides in sich vereinen, das Hier und Jetzt und das Universelle. Schaut mal in ihre Gesichter – sie sind kaum von starken Furchen gezeichnet, sondern haben immer etwas Schönes + Liebenswertes ausstrahlend an sich. In jedem Menschen sollte sich die Überzeugung ausweiten und ausbreiten, dass er das Geschöpf ist und dass es nur eine Wirklichkeit gibt, die Wirklichkeit des göttlichen Seins.

Wir sind gerade jetzt bereit, etwas GUTES zu tun, helfen zu wollen. Z. B. einen Behinderten – der wird jedoch böse. So passiert uns das immer wieder. Begegnet uns im alltäglichen Leben. Ist dir das auch schon untergekommen? Ja? Dann weißt du, was ich damit meine. Der Empfänger ist bzw. war noch nicht bereit anzunehmen, wir wollten aber etwas bewirken und wurden schroff zurückgewiesen oder gar abgelehnt. Was noch schlimmer ist, unsere Persönlichkeit wurde ins Lächerliche gezogen.
Wisst ihr eigentlich, wie erfüllend es ist, sich selbst zu leben, ehrlich und wahrhaftig zu sein.

Nicht immer wird man verstanden, nein, sogar abgelehnt und auch manches Mal für das, was man gesagt, gelebt hat, verurteilt. Als Idiot, Spinner, Spießer, Abgehobener, Rassist oder Globetrotter verdammt.

Am Anfang ist es wahrlich nicht immer leicht, speziell wenn man hochsensibilisiert ist, diese Gedanken und Gefühle auszuhalten. Cool zu bleiben. Sich selbst treu zu bleiben.

Der Winter hat uns viel Kälte gebracht, und wir sind dabei ganz starr und steif geworden, ja oft sogar so sehr, dass wir abgleiten in eine Art des Fanatismus. Sich von Fanatismus fernhalten ist unbedingt erforderlich, das gilt für ALLE Bereiche!

Wertschätzung / Selbstwertgefühl / Ängste

Ein Mangel der eigenen Wertschätzung lässt uns zaghaft, ängstlich sein und auch erscheinen. So liefern wir unserer Umwelt ein Wesen, welches nach Aufmerksamkeit schreit. Offen für Erniedrigungen und Gemeinheiten, Falschheiten und Niederträchtigkeiten ist.
Wer möchte das? DU? Ich nicht!

Durch mangelndes Selbstwertgefühl werden wir ängstlich, fühlen uns minderwertig, schwach, benachteiligt. Die Angriffe werden immer stärker und intensiver und lassen uns nur noch verzagter, minderwertiger fühlen. Es hat niemand das Recht dazu, sich selbst oder andere Wesen derart zu erniedrigen. Also, lasse auch DU es nicht zu, dass du das Opferlamm bist. Du verdienst es nicht. Du verdienst ACHTUNG und RESPEKT! In jedem Fall, in jeder Situation. Menschen, die andere manipulieren, beherrschen wollen, gibt es immer – aber betrachte diese mal. Was möchten sie? Sie möchten Aufmerksamkeit erhalten. Sie setzen sich nur deshalb in Szene, damit sie Beachtung bekommen, erhalten. Meistens ist es diesen Menschen gar nicht bewusst. Stell dir vor, du hast es erkannt und sprichst den Menschen darauf an. Was passiert? Der ist verblüfft, setzt zur Verteidigung an. In diesem Moment wird er es wohl noch nicht erkennen, dass du ihm mit diesem Hinweis nur deine Unterstützung beweisen wolltest, deine Achtung und Wertschätzung. Es ist durchaus möglich, dass du von diesem Menschen für einige Zeit mit bösen, nicht verzeihenden Gefühlen, Blicken konfrontiert wirst. Was machst du? Wenn du stark bist, lächelst du ihn an. So lange, bis dieser Mensch deine Wertschätzung erkennt und dir auch dankbar sein wird. Wenn er es auch nicht immer offen eingestehen möchte. Insgeheim weiß er es aber sehr zu schätzen. Am Anfang ist es gar nicht so einfach, mit diesen Gefühlen des betroffenen Menschen umzugehen. Oftmals wird in uns eine Stimme wach, die sagt, hättest du das doch nicht gesagt, oder hättest du das anderes formuliert, was vielleicht nicht so verletzend, kränkend gewesen wäre, könntest du mit ihm in vermeintlichem Frieden leben. Wenn es dir jedoch bewusst geworden ist, dass das eine Hilfe war und es dir vielleicht auch eingestanden wird, weißt du dann mit Sicherheit, dass du auf dem rechten Weg bist. Eine Aufgabe erfüllt hast. Allerdings lasse dich nicht verleiten, nun danach zu suchen, welche Menschen könnte ich noch mit dieser Hilfe beglücken. Das lass bitte sein. Nur wenn spontan etwas aus dir herausbricht, dann, ja, dann ist die richtige Zeit gekommen, sonst – wenn dein Kopf dich dazu anstachelt, lass es sein. Es könnte nämlich sein, dass du dich gerade in der Phase der Selbstbestätigung, der Suche nach Anerkennung befindest. Auch das lebt und ist in uns. Wir sind nicht erhaben darüber, auch wenn es uns manches Mal so erscheint. Richte nicht über andere – bewusst –, sondern achte dich und deine Umwelt. Liebe dich, dann kannst du auch andere Menschenwesen lieben, auch wenn diese Menschenwesen nicht deinen Vorstellungen entsprechen. Vorübergehend ist dies oft nicht möglich, die Grundzüge sollten jedoch gehegt und gepflegt und praktiziert werden.

Helfen wir dieser Welt. Um diese Welt reiner, sauberer, heller zu machen. Es mögen die Ängste + Zweifel immer weniger und weniger werden, dazu SIND WIR ALLE aufgerufen.

Bedenken wir, seien wir uns bewusst, dass alle Menschen die mit Lügen + Unwahrheiten agieren, arm sind, sie sind von Angst getrieben. Angst, etwas zu verlieren, zu wenig Kompetenz zu haben, dass das Wissen nicht ausreichend ist, nicht schön und begehrenswert genug zu sein, zu wenig Achtung zu erreichen, dass Respekt völlig ausgeschlossen ist.

Es gibt viele Ängste – auch die, die wir uns selbst gar nicht eingestehen … es schmerzt oft sehr und stürzt uns in Verzweiflung. Wenn man von Ängsten heimgesucht wird, sollten wir versuchen, einmal die Betonmauer zu öffnen, ein Luftloch zu schaffen.

Ich höre jetzt schon sagen: ICH habe KEINE ANGST und schon gar nicht Ängste.

Wer sich alles gefallen lässt, hat „Probleme“ mit seinem Selbstwert und somit auch Angst vor Konfrontation. Menschen lügen, oft um sich selbst vorzugaukeln, dass es besser sei, die Unwahrheit, oft auch als Notlüge bezeichnet, anstatt dem Menschenwesen die Wahrheit zu sagen – zu kränken. Lügen sind immer eine Missachtung des Empfängers dieser Lüge. Eine Respektlosigkeit.

Verluste, Schmerzen rufen uns auf den Plan, eine Änderung herbeizuführen. Heimlichkeiten tun oft weh. Warum? Weil ich mich nicht anerkannt, geschätzt fühle. Vielleicht sogar abgelehnt und hintergangen worden war. Auch wenn man Empfehlungen gibt und diese gar nicht wahrgenommen, nicht verstanden oder eben abgelehnt werden – es tut weh. Aber am meisten dann, wenn man sieht, wie dieses Menschenwesen sich abwendet und in das Verderben rennt. Ja rennt, unaufhaltsam, ohne Pause – ohne Erholung. Es schmerzt ungemein. Weil man nicht mehr helfen kann.

Man kann nur abwarten und hoffen, dass dieses Menschenwesen noch irgendwie heil aus dieser Situation, Umklammerung herauskommt und wir doch die Chance erhalten, hilfreich mitwirken zu dürfen. Die Genehmigung von diesem göttlichen Wesen erhalten, dies zu tun. Ohne verletzten Stolz, und ohne sich mit Kränkungen aufzuhalten, helfen. Das ist gut so. So sollten wir auch handeln.

Welchen Erfolg unsere Hilfe zeitigt, ist gar nicht mehr so wichtig. Wichtig ist die Zustimmung durch dieses Menschenwesen. Es kommen andere Menschenwesen auf dich zu, die diesen Verlust umwandeln, verändern, transformieren und für deine Entwicklung, für deine Aufgaben wichtig sind. Mitunter sind es sogar SEGENSBRINGER.

Nehmen wir diese Möglichkeiten eines respektvollen Umgangs mit UNS SELBST und mit anderen Menschenwesen an. So werden wird Hass, Streit, Krieg verhindern können. Vereinen wird uns, um eine starke Einheit der Menschenwesen zu bilden, die sich in LIEBE, Achtung und Selbstachtung begegnen. Eine Wiederbelebung unserer SELBST, unserer Aufgaben und Herausforderungen.

Ein Beispiel: Eine Schülerin sagte immer wieder, ich habe Angst – ich nahm sie zu mir, sprach sie darauf an. Ich erhielt sofort mit einem aufbäumenden, verletzten Gefühl die Antwort. ICH HABE KEINE ANGST! Darauf angesprochen, dass sie immer wieder sagt, ich habe Angst – „Ich habe Angst, dass ich beruflich nicht mehr meine Leistung erbringen kann. Ich habe Angst dem Nebenjob nicht mehr zu genügen. Ich befürchte, dass ich den Erwartungen meines Partners nicht entspreche usw. Es waren zig wirklich enorm große Ängste, von denen sie sprach. Ich wies nochmals drauf hin, dass sie sagte, ich habe Angst. Worauf ich die Antwort erhielt, das sagt man einfach so dahin. Diese Dame hatte wohlgemerkt einen überaus hochqualifizierten Arbeitsplatz und auch die Nebenbeschäftigung wies eine ebensolch hohe Qualifikation auf.

Es regt mich an. Wo gibt es bei mir noch Ängste? Glaube mir – ich entdeckte sehr wohl auch bei mir Angst. Daraufhin versuchte ich es mehrmals, mich dieser Angst zu stellen, ihr zu begegnen. Es gibt sicher viele Zeiten, wo es keine Angst gibt. Selbst bei sehr herausfordernden Träumen hatte ich keine Angst. Ein Traum – hoch am Himmel gab es eine schmale, enorm lange Brücke, sie bewegte sich im Wind – neugierig wie ich nun mal bin, ging ich … die Brücke nahm kein Ende. Die Bewegung, das Wanken wurden immer intensiver. Ich freute mich im Traum so sehr darüber, dass ich überhaupt keine Angst hatte. Mit dieser Freude über mich selbst wachte ich auf. Na, was glaubst du, wie mein Tag verlaufen ist? Gut! Ein anderes Mal war es eine Strickleiter die in den Himmel führte.

Natürlich durfte ich da nicht rein. Ich war nicht mal in der Nähe. Aber für mich war das ein Zeichen – auch ohne Sicherheitsgurt weitergehen zu wollen. Der Sicherheitsgurt war meine innere Sicherheit, mein Selbstvertrauen.

Es ist notwendig, dass wir uns in jeder Phase so annehmen, wie wir sind. Dazu gehört schon eine große Portion Mut. Und diesen Mut haben wir. Auch wenn dieser Mut nicht konstant vorhanden ist. Was will ich damit sagen? Beobachte dich bei einer Angelegenheit, die dir ein mulmiges Gefühl vermittelt. Was kann schon passieren? Dass ich den Beruf nicht schaffe, abbreche – mein Unternehmen nicht weiterführen kann? Mein Chef nicht zufrieden ist mit dem, was ich vorgeschlagen habe – na, vielleicht hat auch ER Angst, dass das doch nicht diesen Erfolg bringt? Also es hängt nicht nur mit dir zusammen, es ist auch der Mitmensch zu betrachten. Ein Kollege, der dich ablehnt, ihm zu begegnen. Na, vielleicht hat auch er vor dir Angst, dass du ihn, seine Machenschaften durchschaust.

Gegen Erniedrigungen vorzugehen … ständige Beleidigungen hinzunehmen. WARUM? Aus Angst? … aus Angst – ICH erlaube, dass es noch schlimmer wird. Wo bleibt da meine Selbstachtung? Kann ich von Selbstliebe sprechen? Wenn es dir nicht gelingt, dich aufzubäumen und Schranken zu setzen, dann versuche einmal, dir vorzustellen, du wärest eine andere Person. Vielleicht dein Partner im Beruf. Dein Kind von seinem Partner. Was würdest du tun? Was empfindest du dabei? Entsetzten, Wut, Zorn, Hass? Ja, das kann ich mir gut vorstellen. Dann höre auf, dasselbe zu ertragen, auf dich zu nehmen! Lass deine Wut mal raus, sprich darüber! Solltest du niemanden haben, dem du dich anvertrauen kannst, dann schreibe es auf! Lies es nochmals laut mit allen Emotionen durch! Befreie DICH! Wenn du befreit bist, dann bereitest du dem Mut den Platz, der vorher von der Angst beschlagnahmt war. Nicht denken, das könnte wohl helfen. NEIN – ausprobieren! SELBST erfahren.

Nur mit der Selbstentdeckung kannst du in dir die Sicherheit und Festigkeit deines Selbstwertes erzeugen. Es bringt dir gar nichts, zu sagen – das mag wohl stimmen, trifft aber auf mich nicht zu. Oder zu sagen, das glaube ich, davon bin ich überzeugt, und es SELBST nicht durchzuführen!

ALLEIN SEIN – viele Menschen erdulden, akzeptieren Erniedrigungen, um nur nicht alleine sein zu müssen. Sie geben oft sich selbst die Schuld, sie haben das Gefühl der Unzulänglichkeit. Mit einem Partner zusammenzuleben ist für sie wichtiger, auch wenn es noch so erniedrigend, kränkend, ja oft unerträglich ist. Die Meinung der ANDEREN ist ihnen wichtig. So fühlen sie sich „wohl" – zumindest glauben sie es –, wenn sie von einem Partner sprechen können. Sie sind nur zu ZWEIT vollständig! Schade – vermeintlich, so meinen, behaupten sie zumindest, dass man einen Spiegel braucht.

Ein alleine Lebender ist auch in der heutigen Zeit noch immer suspekt. Ich kann nicht umhin, ich möchte es gerne in aller Nachdrücklichkeit sagen. Wer STARK ist, braucht nicht einen zweiten Teil. Missverstehe mich nicht! Wunderbar, mit einem Partner zu leben. JEDER jedoch als ganz und gar stabile eigenständige Persönlichkeit. So ist ein Zusammenleben geprägt von ACHTUNG und Respekt und Miteinander, mit GLEICHHEIT + UNABHÄNGIGKEIT – gar nicht so einfach.

Gedichte schreiben – wer hat sich in seiner Jugend nicht mal darin versucht? Der Anlass dazu war wohl meistens, dass man verliebt war. Haben wir da lange nachgedacht, ob der oder die Empfänger/in darüber lachen wird? Kaum. Wir hatten so viel LIEBE in uns. Und LIEBE gibt Sicherheit. In dieser Zeit haben wir nicht nur das andere Menschenwesen geliebt, sondern auch uns! ODER? Was meinst du? Also Selbstliebe gibt Sicherheit, Selbstwertgefühl Stabilität. Der Erfolg ist recht respektierlich und ebenso die Anerkennung für dich selbst.

Man darf aber auch medizinische Hilfe in Anspruch nehmen, dies stärkt die Lebensqualität.

Das sind doch alles Banalitäten. Ja, kann sein, kann aber auch nicht sein. Viele Mosaiksteinchen ergeben auch ein Bild. Mit einer großen Herausforderung kann man oft viel besser umgehen als mit vielen kleinen. Eben weil man sie bagatellisiert, nicht beachtet, aber sie können dann auch zu großen körperlichen, geistigen, seelischen Herausforderungen führen. Wenn ich mich nicht jeden Tag wasche, pflege, werde ich mal so verschmutzt sein, dass es großer, manches Mal enorm großer Anstrengungen bedarf, mich zu reinigen. Wir machen uns darüber gar keine Gedanken. Lediglich vielleicht dann, wenn wir eine staubige oder sehr schmutzige Arbeit zu erledigten hatten, dann sehnen wir uns nach Reinigung. So ist es auch mit der seelischen Reinigung, vor allem mit der SEELISCHEN. Die sehr große Kreise zieht und immer schlimmer und schlimmer wird. Die Angst wird übermächtig, und wir können gar keinen Ausweg mehr entdecken. Keine Hilfe ist ausreichend. So verkümmern auch unsere Selbstheilungskräfte, wenn wir sie nicht ständig verwenden, anwenden.

Ein Mangel an Selbstachtung und Selbstliebe öffnet all unsere Schleusen für Verletzungen, Erniedrigungen, unbemerkt! Spät, aber nicht zu spät wird es uns bewusst, um noch rechtzeitig die Schleuse der Verleumdungen, Verletzungen, Erniedrigungen zu schließen. HALT – STOPP zu sagen, zu sich und den Verursachern. Auch Schranken einrichten. Wie weit lasse ich es zu, dass man mir nahe kommt, mir Verletzungen zugefügt werden können.

Ein selbstsicher auftretendes Menschenwesen muss nicht zwangsläufig mit keinen Erniedrigungen und Verletzungen konfrontiert werden. Nein – dieses Menschenwesen hat aber in sich die Überzeugung – ob zu Recht oder Unrecht –, dass es unverletzlich ist.

So wird es damit auch fertig. Kann es von sich abprallen lassen. Also bauen wir mit Hilfe der göttlichen Führung unserem Selbstverständnis über uns selbst eine Barriere auf, die für viele Angriffe unüberwindbar ist. In diesem Schutzwall, der unser eigener ist, uns vollständig umgibt, fühlen wir uns in Sicherheit und geschützt. Wir verstecken uns nicht, wir flüchten nicht, denn wir sind in unserer eigenen Stabilität und Überzeugung. Abschließend zu diesem Thema möchte ich noch darauf hinweisen, dass es immer wieder eines neuen Anlaufs, eines neuen Durchstartens bedarf. Ich sagte einmal zu meinem Sohn, als wir über den Tod, das Sterben sprachen, dass es eine Freude ist, wenn ich mal gehen kann, darf, dann weiß ich, dass ich meine Aufgaben, meine Herausforderungen erfüllt habe. Egal, auf welchem Gebiet – für mich, aber auch für meine lieben Mitmenschen, Mitstreiter, gleich oder ähnlich Denkenden und Fühlenden. Das ist eine Freude, das ist meine Überzeugung. Misserfolge bringen uns oft an den Rand des Todes. Ich möchte dir jedoch sagen, dass das Sterben eine Auferstehung ist. Und dass wir uns ständig in diesem Zustand der Auferstehung befinden.

Auch ich hatte Schmerzen gehabt, Erniedrigungen erlitten, Verletzungen erhalten. Auch heute gibt es das noch, diese Anfeindungen usw., aber ich habe ein Werkzeug, nein, einen ganzen Werkzeugkoffer, der mir zur Verfügung steht und welchen ich auch reichlich benutze. Ich schaffe es mit meinem geistig-spirituellen Wissen, die Reparaturen meistens erfolgreich durchzuführen. Ich bin selbst die Fachkraft, der Profi. Ich schaffe es, den Schaden an meinem Schutzwall selbst zu beheben. Wenn ich es alleine nicht schaffe, rufe ich Gott an und bitte um seine Unterstützung. Das ist öfter nötig, als man sich vorstellen kann. Seine Hilfe und Unterstützung gibt mir die Gewissheit in mir, dass ich ein göttliches Wesen bin und somit auch die nötigen Vorkehrungen treffen kann, die unumgänglich sind.

Mein Selbstvertrauen und das Gottvertrauen stärken und stabilisieren mich und heben mich empor zur Weisheit, zur göttlichen Führung in mir.

Zu meiner Spiritualität. Zu meinem göttlichen SEIN. Diese Gewissheit in mir, dass ich der Erbauer, der Installateur meines eigenen Kraftwerkes bin und dieses auch betreiben kann, lässt mich Dinge tun, die mein Kopf – mein Kopfdenken – verweigert. So entstehen Bauwerke, Kraftwerke, Pyramiden, die für viele Menschen als Zuflucht dienen können. Den Menschenwesen einen Einblick gewähren, damit sie sich verändern könnten, was mir aber nur teilweise gelang. Das ist auch gut so … es darf auch so sein. Teilweise ist es ohnehin schon ein enorm hoher Prozentsatz.

Entwicklung / Wahrheit / Wahrhaftigkeit

Auch das wird dir begegnen, Menschen, die dich zum Freund oder Freundin auserwählt hatten, wenden sich plötzlich ab. So ist es auch oft bei Jugendlichen, die dann nach einiger Zeit wieder zurückkehren zur Familie, den Eltern oder Elternteilen.

JEDER hat das Recht, seinen Weg zu wählen. Jeder ist ein Traumträger, der Traum ist erfüllbar. Bin ich ein Träumer, oder bin ich wach – egal ICH BIN EINFACH. Ja, meine Weiterentwicklung liegt im Sinne der Entfaltung.

Beginn, dich zu verstehen, OHNE zu bohren – freue dich über jede neue Entdeckung bei, mit und in dir. LEHNE niemals etwas ab. STAUNE – und sag einfach JA – dann kommt die Entwicklung ganz von selbst. Ohne dein Zutun.

Gerechtigkeit gilt auch für dich, vor allem und vorzugsweise zuerst NUR FÜR DICH! Dann gestalte auch für andere die Gerechtigkeit und unterstütze sie in ihrem Bemühen, die Wahrheit und Wahrhaftigkeit zu leben. Zu genießen. Welchen Segen die Wahrheit, die Wahrhaftigkeit bringt, auch wenn es nicht immer gleich sichtbar, spürbar, erlebbar ist.

GEDULD – HINGABE – an dein göttliches Sein ist einfach die FREUDE und die LIEBE, die du für dich empfinden kannst. Sei ehrlich – kannst du sie schon empfinden, oder mangelt es doch noch an allen Ecken und Enden? Macht nichts! Bekunde deine Bereitschaft, dich anzuerkennen, dich zu lieben und Freude mit dir und über dich empfinden zu dürfen. Die nächste Stufe, bewusst wahrzunehmen, dass es täglich unzählige Male die Möglichkeit gibt, sich über sich selbst zu freuen.

Zum Beispiel wenn ich gefragt werden, ob ich etwas getan habe und ich gut dastehen möchte und lieber sagen würde, JA, ich habe es getan; statt die WAHRHEIT zu sagen, nein, habe ich nicht. Ohne sofort eine Ausrede hintanzusetzen, weshalb ich es nicht getan habe. Sondern dazu stehe. Ob es eine Nachlässigkeit war, eine Lustlosigkeit oder vielleicht sogar ein Widerwille vorhanden war, ist gar nicht so wichtig. In diesem Fall ist es NUR wichtig, die WAHRHEIT zu leben. Zu sich zu stehen und sich DENNOCH zu LIEBEN: Erstaunlich, wie erfinderisch wir da sind, sich sofort selbst für etwas zu entschuldigen, weshalb wir etwas nicht getan haben. Dabei ist es überhaupt nicht wichtig warum, sondern dass es uns bewusst geworden ist, dass wir es mal wieder schleifen haben lassen. Wenn ich plötzlich darin die Wichtigkeit erkenne, so wird es mir das nächste Mal spielend leicht gelingen, es auch wirklich zu tun, umzusetzen – ohne großen Aufwand, ohne hinterfragen, warum ich das tun soll. Ich werde es dann schon merken, wenn ich es getan habe. Glaube mir, glaube mir – ich weiß ganz genau, wovon ich spreche.

Praktisch gesehen ist es sehr wohl wichtig, verschiedenes nicht zu tun, weil daraus erst die Erkenntnis entsteht, wie wichtig es gewesen wäre, es doch zu tun. Habe ich es in die Tat umgesetzt, kann ich erkennen, wie wertvoll meine TAT war. Das Glücksempfinden, das ich dabei erfahren darf. So hört sich das gut an. Es kann jedoch niemals mit Worten dieses erhebende Gefühl ausgedrückt werden, das man bei der Erfüllung dieser Aufgabe, dieses Vorhabens empfindet. Es ist müßig, darüber noch weiter zu philosophieren. ERLEBEN! Das ist das Zauberwort, die Zauberformel. Also nichts wie auf zu neuen TATEN! Das meinte ich auch mit der ganz eignen persönlichen Entwicklung.

Gehe mit dir und vielleicht mit meiner Unterstützung auf Entdeckungsreise in dir, mit dir und in weiterer Folge um dich. Es löst sich VIELES von ganz allein – wenn wir es zulassen. Verständnis für uns selbst haben.

Beobachte dich mal selbst – wenn es um Verständnis für einen anderen Menschen geht, ob es sich um einen sehr Nahestehenden oder auch nur Kollegen dreht – da sind wir sehr großzügig. Bist du es auch bei dir? Frage ich dich ganz provokant! Versuche jetzt, ganz spontan darauf zu antworten. Wird wohl sehr zögerlich kommen – nehme ich mal an. Mir ging und geht es auch jetzt immer wieder so. Ich sehe es jedoch als enorme Hilfe an, wenn es mir bewusst wird. Manches Mal werde ich ziemlich unsanft darauf hingestoßen, aufmerksam gemacht. Es zaubert dennoch ein Lächeln in mein Gesicht. Ich sage mir dann – oh, oh, Renate Angela, wo bist denn du wieder mal geblieben? Und bedanke mich sehr demütig für diesen Hinweis. Früher habe ich mich selbst bestraft, war enorm böse mit mir, dass ich schon WIEDER versagt habe. Heute sehe ich das mit Dankbarkeit und empfinde Freude über diese Erkenntnis. Früher mal bin ich immer ziemlich schlimm mit mir ins Gericht gezogen, wenn ich einen Fehler entdeckte. Andere Menschen haben das oft gar nicht wahrgenommen. ABER ICH – ich habe mit mir gehadert, mich verurteilt, verteufelt und tagelang auf mir herumgehackt. Abscheulich, was ich mir da selbst angetan habe.

Heute sehe ich das nicht mehr so. Aber das war ein Lernprozess von zig Jahren. Der erste Abschnitt dauerte 15 Jahre – erstaunlich, nicht wahr? Wie lange man braucht, mit sich verständnisvoll und auch respektvoll umzugehen. Wie geht es dir – wie geht es dir damit? Auch so, wie es mir erging? Ergangen ist? Wenn du mal so weit bist wie ich heute – OHNE ÜBERHEBLICHKEIT! –, dann kommt Freude, echte Freude OHNE PRAHLEREI auf. Das ist eine Verknüpfung von sich selbst und seines gesamten Ausdrucks als göttliches Geschöpf.

Vorsicht sollte man aber immer walten lassen – es ist ein ganz schmaler Grat, den wir beschreiten zwischen Hoffärtigkeit, Prahlerei, Hochmut, Überheblichkeit und Mut zur Wahrheit über sich selbst. Es ist nicht immer gleich erkennbar.

Mancherlei Gelegenheiten kommen erst später ins Bewusstsein, dass man doch nicht die wahre, ehrliche Freude empfunden hat, sondern wir dem anderen Empfinden frönten. Gelinde gesagt, verbirgt sich hier ein Stolperstein. Erst wenn man mal gestolpert ist, kann man wahrhaftig die WAHRHEIT erkennen.

Was hat dieses Bösesein mit mir selbst gebracht? Gar nichts oder doch, ja, UNZUFRIEDENHEIT, Selbstzweifel, Minderung des Selbstwertgefühls. Na, brauche ich das? NEIN – ich denke NEIN!! Und was meinst DU? Entscheide selbst – was würdest du bevorzugen – welche Variante erscheint dir angenehmer? Welche fühlt sich für dich besser, gangbarer an? Sei ehrlich zu dir! Grüble jedoch auf gar keinen Fall lange darüber nach. Nur was sich ganz spontan in dir breitgemacht hat – das wäre für MICH das Richtige. Das ENTSCHEIDENDE! Erlaube dir jedoch, auch ganz anders zu empfinden! Es ist dein Empfinden! Und das ist immer, IMMER RICHTIG! Wenn auch nur für diesen Moment, das ist entscheidend.

Freue dich über den Wandel der Zeit. Freue dich, dass du ein Gerstenkorn gesät hast und es vielleicht schon aufgegangen ist. Sichtbar ist es jedenfalls schon geworden. Du hast Gewaltiges in Bewegung gebracht.

Leichtigkeit

Wir erleben immer wieder die Ursachen und Wirkungen unserer Handlungen. Es ist möglich, dass es uns nicht immer sofort bewusst wird oder ist. Dann erhalten wir von außen meist einen Hinweis. Diesen Hinweis richtig zu interpretieren, zu fühlen, mit unserem Inneren zu erfühlen, ist gar nicht immer so klar und einfach. Unsere eigene Befindlichkeit spielt eine ganz wesentliche Rolle dabei.

Verlasse jedoch niemals den Pfad der Selbstachtung und der EIGNEN Wertschätzung. Lasse dich jedoch auch nicht dazu verleiten, dich und andere zu analysieren, beurteilen, verurteilen. Beginne ich mich zu beurteilen, bewerten, verurteilen, bin ich sicher auf der Verliererseite. Wenn ich mich jedoch beobachte, dann bin ich auf der Gewinnerseite. Beobachte dich selbst. Sei der beste Beobachter deiner selbst, ohne mit dir gleich zu Gericht zu ziehen. Das Erfolgversprechendste ist wohl, wenn man AHA-Erlebnisse hat. Diese sind wieder spontan und nicht bewusst hervorgerufen, nicht bewusst herbeigeführt.

Seid wie die Kinder, die sind spontan – sagen, ich mag das nicht. Sie lassen sich von Gefühlen führen und leiten. Sie überlegen nicht, ob sie jemanden mögen oder nicht. Sie sind in ihrer Natürlichkeit, in ihrer LEICHTIGKEIT. Ja meine Lieben, mit Leichtigkeit die Dinge, Situationen, Gegebenheiten zu betrachten, anzunehmen sind erfolgversprechend, verheißungsvoll und beglückend. Normalerweise sind wir das auch, jedoch haben wir auch Misserfolge erfahren und deshalb glauben wir, dass wir nur mit Überlegung, Analysierung die Entscheidungen treffen sollten – weil sie ja doch Sicherheit bietet. Was garantiert nichts mehr mit Sicherheit zu tun hat und schon gar nichts mit Gewährleistung, die richtige Entscheidung zu treffen oder vielmehr richtig zu tun, zu handeln. Erlebnisbereitschaft, Freiheit.

Entscheidungen / Spontaneität

Wie bereits erwähnt, erhielten wir die Gnade, uns zu jeder Zeit frei entscheiden zu können. Wir gehen unseren Weg, auch manches Mal mit Umwegen. Ja und ... es ist doch egal. Wir brauchen oft diese Umwege, weil am Wegesrand viele schöne Blumen der Erkenntnis stehen, die unser Herz erfreuen. Wir hätten sie nicht gesehen, wenn wir diesen Umweg nicht gegangen wären. Also war es sinnvoll, auch rückblickend. Schöne, wichtige Erkenntnisse sind uns begegnet. Wir haben zusätzliche Erfahrungen gesammelt. Erfahrungen können wir nur selbst machen, die Erfahrungen des Anderen können uns zwar im Gedächtnis bleiben und vielleicht eine tiefschürfende Erfahrung vermeiden helfen, doch es ist unsere Erfahrung, die uns über uns hinauswachsen hilft. Weise macht. Und vor allem durften wir den Beweis antreten, wie stark wir sind, wie reif wir sind, wie tapfer wir sind. Erstaunlich, welche Fähigkeiten dadurch an die Oberfläche befördert werden. Ist das nicht schön, zu erkennen, welch enormes Potenzial in uns steckt, ohne dass wir es bewusst wahrgenommen, bewusst als unsere Fähigkeit erkannt und bewusst benutzt haben? Mitunter ist es sehr hilfreich, in einer anderen Situation zu reagieren, „richtig" zu reagieren, unbewusst das RICHTIGE zu tun. OHNE Überlegung zu handeln, aus der Spontaneität heraus der Herausforderung zu begegnen. Erspare dir das Analysieren, du wirst ohnehin erkennen, dass das Bauchgefühl, die Spontaneität dich einen Schritt weiter gebracht hat. Dich reifer und überlegener, kräftiger und mutiger gegenüber den Herausforderungen des Lebens werden hat lassen. Danke für diesen Fortschritt, für deine Entwicklung und vor allem empfinde Freude über dich selbst!

Wer die Spontaneität noch nicht so leben gelernt hat, möge es weiter versuchen, üben. Ja, Übung macht den Meister. Nicht locker lassen, OHNE Verkrampfung und ohne Zwang und Verbissenheit oder gar Fanatismus.

Eine gewisse Kontinuität / Beständigkeit ist schon erforderlich – oder würdest du dich auch nur einmal im Monat duschen und vielleicht alle vier bis fünf Wochen Zähne putzen? Nein, natürlich nicht – also für das Körperbewusstsein tun wir zumindest rein äußerlich schon was. Hildegard von Bingen sagte einmal: Wie kann der Körper gesund sein, wenn die Seele krank ist? Also, das tägliche Bewusstmachen lässt die wunderbare Erkenntnis zu, dass du eine reiche Ernte erfahren darfst. Dass du ein Erntedankfest geben darfst. Es ist ein wundervolles Gefühl, eine Freude, eine enorme Anerkennung deiner selbst. Die niemals unterschätzt werden sollte. Sie fördert meine Selbstliebe und damit auch das Selbstwertgefühl. Spontaneität – „In der Vergangenheit schon oft daran gedacht" – diese Information bekam ich, und nun verstehe ich es auch, dass es mir noch an meiner Spontaneität gefehlt hat. Also brauchte ich immer wieder einen Hinweis. Oft blieb dieser unbeachtet, ja wurde von mir ignoriert. Ich möchte dich und dich und dich bitten, macht nicht denselben Fehler, den ich wiederholte Male gemacht hab. Vielleicht könnt ihr was daraus lernen, ohne dass ihr selbst die bittere Erkenntnis braucht. Wie schön, dies zu erkennen. Es gibt immer Hilfen, sogar mehr, als wird vertragen können. Warum nehmen wir sie nicht an? Ich weiß es nicht, ich kann es auch nicht wirklich erklären.

Es scheint wohl zu unserer Entwicklung zu gehören. Kaum eine oder einer von uns möchte sich das wirklich auch nur ein einziges Mal eingestehen, eine Chance ungenutzt verstreichen lassen zu haben.

Egal. Es ist eine Erkenntnis, die mir immer wieder, unzählige Male schon begegnet ist. Und jedes Mal freue ich mich darüber, wenn ich sie erkennen durfte. Ja, wieder was daraus lernen durfte. Es ist einfach ein Segen. Ein Segen eines ungeheuerlichen Ausmaßes.

Freude

Wer kann, vielmehr möchte von sich sagen, dass er sich nicht über einen Erfolg freut, über einen Fortschritt? Er katapultiert uns gleichermaßen in andere Sphären, lässt unseren Mut ins Unermessliche wachsen. So öffnen wir uns für jede Förderung unseres Selbst. Garantiert. Kaum jemand, der an sich glaubt, sich selbst vertraut, frönt dem Rückgang. Unser natürliches Streben geht immer in Blickrichtung nach vorne, nach oben, zur Weiterentwicklung.

Vieles in unserem Leben ist bestimmt vom Wachstum, nicht nur vom körperlichen, nein, auch vom Wachstum unseres göttlichen Seins. Wir haben uns entschieden, auf die Welt zu kommen, um so unsere Lebensaufgaben zu erfüllen. Das haben wir mit Zustimmung von Gott selbst getan. Wie wir diese Lebensaufgaben erfüllen, ist uns überlassen. Wir können, so wie ich, einen großen Umweg gehen, einen mit ganz vielen, nicht unbedingt erstrebenswerten Erlebnissen gepflasterten Weg gehen.

Aus heutiger Sicht kann ich sagen, dass ich für viele Erlebnisse dankbar bin, weil sie mich zu tiefen Erkenntnissen gebracht haben. Weisheiten, die mir sonst verborgen geblieben wären.

Vielleicht kann ich dadurch auch vielen Menschen mit meinen Erlebnissen und Erzählungen wertvolle Hinweise vermitteln. Denkanstöße geben. Sie sogar so weit begleiten, dass ihre Weiterentwicklung große Sprünge machen kann.

Bisher war alles zwar schon vorhanden, aber nicht entdeckt und wahrgenommen worden. Für mich ist das eine ganz wundervolle Aufgabe, wofür ich sehr dankbar bin, dass ich diese Aufgabe erwählt und nun auch erkannt habe.

Ich schreibe mit Freude und mit der Überzeugung, dass das der Beginn meiner Laufbahn ist. Meines göttlichen Auftrags. Viele Ansätze, viele Anläufe gingen schon voraus, jetzt ist es jedoch so weit. Dieses Mal bin ich der ehrlichen und tiefen Überzeugung. Dieses Mal werde ich mich nicht schreckhaft zurückziehen und Zweifel an meinen Fähigkeiten aufkommen lassen. Nein, es ist eine tiefe und innere Überzeugung. Eine überzeugende Überzeugung. Eine Überzeugung, die vom göttlichen Wissen getragen worden ist. Eine Überzeugung, die nicht von Überheblichkeit getragen ist.

Eigener Weg / Vertrauen

Es ist nicht immer gleich erkennbar, was in unseren Informationen steckt, worauf sie hinweisen, dies möchte ich durch meine Erzählungen klarer werden lassen. Sei dir jedoch bewusst, das sind meine Erlebnisse, deine mögen ähnlich gelagert sein, es sind jedoch NUR – ganz alleine NUR – DEINE Erlebnisse und Erfahrungen. Beispielhaft sollte es angesehen werden. So könnte es auch sein oder war es vielleicht sogar. Gerne bin ich bereit, bei auftauchenden Fragen, Unsicherheiten aufklärend zu wirken – aufzuzeigen, was in dir steckt.

Nicht ich bin es, sondern das, was in DIR ist, in dir lebt und gelebt werden möchte. Ausnahmslos ist es immer dein Entscheid, wie, was, wann und wo du etwas ändern, verändern, reifen lassen, einer Umsetzung zuführen möchtest. Ich kann lediglich die Möglichkeiten vermitteln. Den Weg, deinen Weg, kannst NUR DU gehen! Ich kann es nicht für dich. Beistehen, ja, das kann ich. Als Wegbegleiter fungieren, das kann ich auch. Hilfestellungen kann ich auch anbieten, wenn du sie annehmen möchtest.

Es gibt viele Möglichkeiten, seine Weiterentwicklung zu forcieren, voranzutreiben. Einige davon zeige ich dir. Die Weisheit liegt in dir. Glaube an dich. Vertraue dir. Vertraue deiner Intuition – deiner göttlichen Führung. Spiritualität ist die geistige Führung, die in jedem Menschenwesen enthalten ist. Sie zu nutzen und zu leben, entscheidest du. Es zahlt sich auf jeden Fall aus, dies zu versuchen.

Die Möglichkeiten, die daraus entstehen, sich weiterzuentwickeln, sind enorm und unglaublich vielfältig, beglückend und zugleich auch stärkend und vertrauenentwickelnd. Vertrauen macht stark. Vermeintliche oder auch tatsächliche Misserfolge erweisen sich oft nur als weitere Stufe auf dem Weg zur Entwicklung. Der du in deiner ganz persönlichen, wundervollen Weiterentwicklung entgegengehen darfst.

Es gestaltet sich so spannend, dass wir uns am liebsten ständig in dieser Schwingung aufhalten, verweilen möchten, was wir auch dann im Laufe unserer Entwicklung erleben werden. Bis wir eines Tages all unsere Aufgaben erfüllt haben und zu unserem Ursprung – zu Gott – zurückkehren dürfen. Mit der Gewissheit, alle unsere vorhandenen Möglichkeiten genutzt zu haben.

Diese Aussicht auf Erfüllung wird nur jenen Menschenwesen zuteil werden können, die sich auch wirklich ernsthaft ihrer spirituellen Weiterentwicklung zugewandt haben oder zuwenden möchten. Sich für diesen Weg ohne Bedingungen entscheiden, sondern nur mit Freude und der Überzeugung, dass es sich immer auszahlt, sich dem Göttlichen anzuvertrauen. Dem Göttlichen in uns, dem Göttlichen, das wir sind.

Bedingungslose Liebe

Dazu gehört natürlich auch, dass WIR uns bedingungslos lieben. Welch große Herausforderung! Gar nicht so leicht. Wir erkennen gar nicht, wie viel es an uns selbst zu lieben gibt. Welch wertvolles Wesen wir sind.

Achte dein Wesen, achte dein göttliches Wirken, dann achtest du auch deinen Körper, verwöhnst deine Seele, erquickst und erweiterst deinen Geist. Stärkst deine Gesundheit. Du erblühst zu neuem Leben, Schönheit und Jugendlichkeit strahlen nicht nur aus deinem Gesicht, sondern erfüllen all deine Zellen. Du bestimmst, wie viel du bereit bist dir selbst zu schenken. Welche Dosierung du dir verabreichst, welche Geschwindigkeit du vorgibst, welche Wertschätzung du bereit bist dir entgegenzubringen, entscheidest du – du ganz allein und selbstständig. Lass dich jedoch nicht von deinem Vorhaben durch Ausreden, wie „jetzt noch nicht, erst wenn ich im Urlaub bin, wenn ich in Pension bin, wenn ich dies oder das erledigt habe, mache ich es“, abbringen. Verzögerungen, bewusstes Hinausschieben, machen dich schwach, unzufrieden und verlängern nur dein „Leiden“. Verringern dein Selbstwertgefühl und damit auch deine Selbstachtung.

Ernten kannst du NUR durch Bejahung, Zustimmung und Umsetzung deiner Vorhaben.

Ich weite es aus, was die Hildegard von Bingen sagte, ich formuliere es nun um. Ist die Seele gesund, ist auch der Körper gesund. Streichle ich oft / täglich meine Seele, beachte ich sie, wird sich ein seelisches + körperliches Gleichgewicht festigen.

Gerade jene spirituellen Menschen werden ganz stark mit Lügen nicht nur von der eigenen Familie, sondern mit LÜGEN von der Gesamtheit der Menschen konfrontiert, um immer wieder unter Beweis zu stellen, dass wir stark sind und allen Anfeindungen zum TROTZ die Wahrheit leben, jedoch auch einfordern. Auch das ist bedingungslose Liebe für sich und unsere Mitmenschen. Es gibt einen Gnadenaltar … bestücke ihn mit deinen Taten. Mein Gott, ist das schön … Ich beteilige mich an Gottes Werk.

Konfrontation / Chance

Wenn ich auch von Umwegen gesprochen habe, so hat es mit dem Schleifenlassen, oder Verschleppungen, Zaudern nichts zu tun. Wertvolle Zeit ginge dadurch verloren. Die Erfüllung wird hinausgeschoben – vielleicht sogar so lange, bis es uns unmöglich wird, einen neuen Schritt zu machen, weil uns bereits so viel Energie verloren gegangen ist.

Wir nun mit gesundheitlichen Herausforderungen konfrontiert werden, die jede kostbare Zeit in Anspruch nehmen. Bitte lass dich dennoch nicht entmutigen! Beginn – beginn heute, und zwar sofort! Streichle deinen Geist, fördere deine spirituelle Entwicklung, achte einfach auf dich! Nichts ist hinderlicher als das Aufgeben der eigenen Anerkennung. Gönn dir die Zeit, die du benötigst, um dein Selbstwertgefühl zu stärken, so steht dir dann das göttliche Licht zur Verfügung, um den vielleicht bereits verbauten Weg eine Spalte zu öffnen, durch die es sich hindurchzugehen lohnt. Auf der anderen Seite des verbauten Wegs erwarten dich die Freude, Hoffnung, Zuversicht und die Sicherheit. Die Freiheit!

Erkenne und ergreife jede Chance, die sich bietet. Es gibt immer eine Chance. Die Chance wartet nur auf dich, dass du sie ergreifst. Mut, Mut, Mut. Zuversicht und Selbstvertrauen und Gottvertrauen mögen deine Begleiter sein. Die himmlischen Chöre stimmen bereits jetzt ein Loblied, ein Halleluja an. Und das ist nur für DICH. Für dich ganz alleine. Ein Loblied. Eine Anerkennung für dich.

ATREA ist was Neues, etwas völlig anderes, was mir auf dem Weg zu meiner spirituellen Entwicklung immer wieder begegnete und mir auch den Mut verlieh, mich damit an die Öffentlichkeit, an Menschen mit einem spirituellen Potenzial zu wenden – sie dabei zu unterstützen und auch den Mut zuzusprechen, der dafür jedenfalls vonnöten ist.

Vielleicht bist du selbst schon diesen wunderbaren Erlebnissen begegnet, konntest es jedoch nicht wirklich zuordnen. Jetzt bekommst du die Hilfe und das Verständnis, das Verstehen dafür geliefert. Ohne Hokuspokus ... ganz einfach natürliche Erklärungen. Wenn du sie hörst respektive liest, sagst du einfach AHA – na klar – alles klar!

Das wünschte ich mir nur – das einfach zu verstehen – vielleicht auch die Bedeutung, den tieferen Sinn zu erkennen! Jetzt verstehe ich, jetzt weiß ich – so einfach – einfach wunderbar. Überhaupt nicht kompliziert oder verschachtelt.

Für die Gerechtigkeit kämpfen ist sehr mühsam, aber LOHNENSWERT! Nicht nur für mich, sondern auch für viele, unzählige andere Menschen, die nicht den Mut haben, aber auch vielleicht gar nicht DIESEN Auftrag zu erfüllen haben. Jedoch einen anderen, ebenso wichtigen Auftrag zu bewältigen haben, DÜRFEN!

Ein tieferes Verständnis für uns selbst ist aber die Grundvoraussetzung für die Entwicklung. Und vor allem FREUDE AM SEIN! Alles ist ineinander, alles ist miteinander, alles ergibt das große GANZE! Einschließlich dem Universum, den Galaxien – alle Welten – alle Atome, alle Zellen in und um uns.

Ich bin das Zeichen der Zeit – der Entwicklung und der Reife – der Gezeiten – der Umwandlung – der Transformationen – der VERÄNDERUNGEN – der großen VERÄNDERUNGEN – der WANDLUNG. Der persönlichen und der allgemeinen Veränderungen und Wandlungen.

Spielerisch und mit Leichtigkeit lässt es sich ertragen, jedoch nur dann, wenn wir uns nicht der Umwelt anpassen, sondern die NEUEN ERKENNTNISSE hinaustragen. OHNE SCHEU – OHNE ANGST! Dass das manches Mal schon eine Herausforderung darstellt, ist selbstverständlich. Jedoch nur so ist die Veränderung möglich, wenn die mutigen Menschen ihrer Linie, ihrem Wissen, ihrer Entwicklung und ihrem Fortschritt treu bleiben. Sich nicht durch Niederträchtigkeiten, UNWAHRHEITEN, VERLEUMDUNGEN abbringen, manipulieren lassen. Bist du ein in dir ruhendes, starkes Wesen – so gehe diesen Weg voll Zuversicht und OHNE ERWARTUNGEN, Anerkennung und Lob zu ernten. Es mag zwar manches Mal Bewunderung geben – ob sie immer EHRLICH ist – na, das entscheide einfach selber.

Keine hochtrabenden Worte helfen dir und anderen weiter, sondern die innere Erkenntnis – das ENTDECKEN – deines und NUR DEINES POTENZIALS!!!

Hilfen bekommt man immer. Ob wir sie jedoch immer verstehen, annehmen möchten, ist immer die Entscheidung des EINZELNEN. Fühlt man sich minderwertig, wird alles rundherum auch MINDERWERTIG bleiben. Sich keiner Veränderung öffnen.

Gedankengut bleibt immer das Gedankengut desjenigen, der es auch zum Ausdruck bringt. Manches Mal blockieren wir unsere Entwicklung selbst, weil uns das Urvertrauen fehlt oder aber auch von uns noch nicht entdeckt, freudig angenommen und gelebt wird. GEDULD mit sich selbst ist hier eine Basisvoraussetzung! Eine nicht zu unterschätzende Voraussetzung! Immer geht es uns zu langsam. Natürlich waren wir in der glücklichen Lage, mal schneller entscheiden zu können. In einer anderen Dimension, in einer anderen Ebene. Da möchten wir immer wieder andocken, was uns nur sehr mühsam gelingt. Warum? Ja, weil wir in die Erwartungshaltung hineinfallen und dann nicht mehr offen erkennen, was mit uns und in uns geschieht. So stellen wir eine Mauer auf, die dann erst wieder durchsichtig, transparent wird, wenn wir beginnen LOSZULASSEN, frei zu werden. Die FREIHEIT zu leben.

Gedächtnisstützen gibt es viele. Ob sie von uns erkannt werden und nicht als Blödsinn, Absurdität abgetan werden, liegt immer in der Erkenntnis des Betrachters. Was hinter allem steckt nachzuforschen, zu grübeln, zu hinterfragen, bringt sicher nicht den ersehnten Erfolg. Das GESCHEHENLASSEN – die Spontaneität – ah, das ist mir so eingefallen, zugefallen – das bringt die Erklärung, das Verstehen, das Erkennen. Und dann auch gleich Handeln OHNE HINTERFRAGEN, wie geht es weiter, was wird daraus.

Buddha sagte: Der Weg ist das Ziel. Was uns am Ziel erwartet – oh, das ist wunderbar, aber auch eine ÜBERRASCHUNG. Kinder basteln, bauen MEIST OHNE Vorstellung, was daraus werden soll oder wird. Das Ergebnis ist es – sie lassen sich einfach führen. Das sollten wir uns auch WIEDER aneignen.

Bergungsmannschaften sind unterwegs – sie kämpfen sich durch, bis sie den eingestürzten Tunnel erreicht haben. Um Hilfe leisten zu dürfen, können, müssen.

Dein göttliches Sein ist bedeutungsvoll. Oh, das ist wieder etwas, was ich zwar schreibe, jedoch noch nicht fühlen kann, noch immer nicht in mir integriert habe. Auch diese Lernaufgabe ist mir bewusst. Ich freue mich jetzt schon auf diesen Zeitpunkt, wo ich diese Aufgabe bewältigt, anerkannt habe. Über diese eigene persönliche Wertschätzung auch Freude empfinde. Für mich ist immer noch alles, was ich leiste, arbeite, verrichte, VIEL – VIEL – VIEL zu wenig. Sehe ich das bei mir anvertrauten Menschen, kann ich sehr wohl sehen, fühlen und darf es auch sagen. Ich bin überzeugt, auch diese Herausforderung werde ich erfüllen.

Wandlungen

Wir sind Wandlungen unterworfen, in jeder Beziehung, oft unbemerkt … für lange Zeit. Hier lassen wir die Veränderungen zu, ja, wir begrüßen sie sogar. Obwohl Veränderungen bedeuten, dass wir uns auf ein Terrain begeben, das für uns unbekannt ist, die Sicherheit verlassen. Dabei gibt es vieles WIEDER zu entdecken, was in uns geschlummert hat oder verbuddelt wurde, durch uns oder durch unsere Umgebung.

Früher, wenn was nicht geklappt hat, hat es meinen KAMPFGEIST geschürt, heute bin ich eher auf Ruhe, Rückzug bedacht! Heute höre ich mehr zu, z. B. beim Atmen, unterbreche meine Arbeit, um alles aufzuschreiben. Beginne, die Spontaneität zu leben. Zum Zeitpunkt, wo ich etwas aufschreibe, weiß ich noch nicht, was es bedeutet. Wann ich dieser Information wiederbegegnen werde. Vielleicht erscheint es mir auch völlig bedeutungslos, unbedeutend für mein Leben. Es ist aber vermutlich gar nicht so bedeutungslos, wie ich vermutet habe. Mir fällt gar nichts mehr dazu ein. Jetzt sind wir schon wieder mal ins Bewerten und Analysieren abgerutscht.

Es ist recht gut, wenn man sich dann zu diesem Zeitpunkt mit etwas anderem zu beschäftigten beginnt, um sich nicht zu verheddern, zu verlaufen. So erging es mir auch beim Schreiben dieses Buches. Das Loslassen und Offensein mit allen Fasern bedarf auch einer gewissen Disziplin.

DIANA – Göttin der Jagd. Ein Anreiz für uns – wem oder was JAGEN wir nach – ist es Anerkennung von ANDEREN ... ist es unsere eigene Anerkennung? – JA, das ist es.

Was entdecken wir an uns, das ANERKENNENSWERT ist. Ist es unsere tägliche Arbeit, was wir im Dienste unserer Familie machen, OHNE auf unsere eigene Person zu achten? Wir überwinden Schmerzen, die z. B. beim langen Bügeln entstehen, beim Schleppen des schweren Einkaufs ... beim Putzen und Wegräumen der achtlos liegen gelassenen Utensilien.

Gesundheit / Genesung

Aktivierung der Selbstheilungskräfte + Stärkung des Selbstwertes, des Selbstwertgefühls.

Kombination zwischen Medizin und Selbstheilungskräften finde ich bis zu einem gewissen Stadium sehr erfolgversprechend.

Ich bin das göttliche Licht. Genetisch bedingt heißt nicht zwangsläufig, dass es auch eintreffen MUSS! Meine Mutter ist schon sterbenskrank und ich auch. Die ganze persönliche Einstellung ist ein Garant, dass auch Umwandlungen möglich sind. Oder vielleicht in Ausnahmefällen auch die Kraft, dies zu verhindern. Aufgeben ist keine Lösung – Wenn du dich nicht der Herausforderung stellst, kannst, wirst DU NIE erfahren, ob du es nicht doch geschafft hättest. Denke an dich und deine Weiterentwicklung, vielleicht bist du schon mit einigen Schrammen und Blessuren herausgestiegen. Mag sein, dass manche Menschen über mich gelacht haben oder auch jetzt noch lachen. Es spielt keine Rolle… „Lachen ist doch gesund", macht fröhlich. Auch die Freude und die Fröhlichkeit haben eine enorme Wirkung auf deine körperliche, aber auch auf deine seelische und geistige Gesundheit. Fertige dir eine Banderole an und schreibe darauf: FREUDE – MUT – SELBSTVERTRAUEN. Hänge sie an einer Stelle auf, wo du oft hinsiehst. Meditiere vielleicht auch einmal darüber ohne die Erwartungshaltung, eine Antwort oder einen Hinweis zu bekommen. Unser Unterbewusstsein bringt es an die richtigen Stellen und fertigt ein Denkmuster an, welches nicht aus dem Verstand gefertigt wird, sondern aus unserem Inneren, aus unserer Seele.

Es gibt keinen wichtigeren Ansprechpartner als Gott!

Ich lag mit dieser Erfahrung ganz weit unten, bis ich erkannte, dass ich mich hier am falschen Ort befand. Oben, oben, droben bei Gott ist die Befreiung, die Erlösung und Auflösung.

Alle diese Informationen, Erzählungen sollten jedes Menschenwesen unterstützen, selbst diese Erkenntnisse oder ähnliche Erkenntnisse zuzulassen. Manche Wesen höre ich sagen: „Und was NÜTZT mir das?“ Wozu soll ich das machen und noch dazu aufschreiben. Es gibt keinen offensichtlichen Nutzen, der entsteht erst durch das Erleben und dann in der Folge auch in deinem Leben. Oft gibt es Mut, oft gibt es Hinweise, oft gibt es Lösungen in einer schwierigen, prekären Situation, einen Ausweg. Niemand und schon gar nicht ich kann dir sagen, in welche Richtung der Nutzen geht. Das, liebes Menschenwesen, kannst NUR DU ALLEIN wissen, entscheiden, welchen Nutzen du daraus ziehst. Verstehe das bitte, es gibt KEINE Regeln, KEINE Vorhersagen, KEINE DOGMEN, KEINE Bestimmungen. Du bist EINZIGARTIG!

Nur DU bist die EINHEIT all deines SEINS!

Sag immer für dich: „ICH BIN!“ Dem „Ich bin“ kannst du noch immer etwas hinzufügen, wenn es dir unvollständig erscheint.

ICH BIN das göttliche Licht. Ich bin Einheit. Ich bin Freiheit. Ich bin Vollständigkeit. Ich bin Vollkommenheit. Ich bin Erleuchtung und so weiter und so fort. Deiner Phantasie freien Lauf lassen, die Phantasie zulassen, leben lernen. Viel Erfolg! Ganz innigsten Erfolg. Großartigen Fortschritt, enorme Entwicklung. Verstehst du nun, was ich am Beginn des Buches geschrieben habe? Du selbst bist die Weiterentwicklung. Ich bin ein Wegbereiter und mit deiner Zustimmung auch ein Wegbegleiter.

Offenheit deines Geistes. Öffnung deiner Seele. Zulassung deiner auch körperlichen Empfindungen. Es gibt kein Ende, es gibt NUR Forschritt, Weitergehen, Entwicklung, Auflösung.

Es gibt nur dich und dich + dich + dann die Gesamtheit in dir und die Gesamtheit mit dir und dann die Gesamtheit um DICH. Ich bin das göttliche Sein.

Ich danke dem Göttlichen. Gott in mir. Gott in dir. Gott in uns.

Sei ein starker Felsen in den Stürmen des Daseins, deines Lebens. Umgeworfene Hölzer gibt es viele, nur du als Baum bleibst bestehen. Als Fels, als Kraftpunkt existierst du weiter. Wenn es auch nur deine Hülle ist, in der du steckst, das Göttliche, das strahlt und sich verbreitert, erweitert, einhüllt, existiert. Dein Sein ermutigt, fördert das menschliche Sein. Es gibt keine Zweifel + Ängste mehr. Es hat alles seine Bedeutung, seine Wirkung, seine Auswirkungen. Nur das Sein, dein Sein ist die Existenz Gottes … in dir … mit dir … durch dich.

Mangelndes Selbstbewusstsein. Steh auf und geh, spricht der Herr. Erhebe dich. Beweise deine Kraft, Energie, dein Wirken.

Mangelndes Selbstwertgefühl. Normalität ist zurückgekehrt. Auflehnung, Emporsteigen aus den tiefen Schluchten deines Lebens. Niemals mehr in diese Abgründe sich fallen lassen. Oben ist Licht, noch viel mehr Licht. Steig auf wie Phönix aus der Asche aus deinen Abgründen. Inmitten dieser Wirkung bleib in dir. Die Außenwelt existiert, dreht sich weiter. Nur JETZT – JA – JETZT mit einem ganz anderen Bewusstsein. Deine Wahrnehmungen haben sich entwickelt, weiterentwickelt.

Kein noch so schlimmer Sturm, Orkan, Taifun wird in dir Schaden verursachen können.

Da und dort wird es möglicherweise eine Schramme geben. Wunden, tiefe Wunden vielleicht auch. Die Heilung ist vorprogrammiert und vollzieht sich in Sekundenschnelle.

Menschenwesen wie du sind Mangelware. Kaum noch zu finden, zumindest scheint es so, dabei befinden sich ganz, ganz viele Menschenwesen auf dem Weg zur Vervollkommnung in ganz unterschiedlichen Ausprägungen. Du bist es AUCH! In deiner ganzen PERSÖNLICHKEIT, STABILITÄT + ENTWICKLUNGSFREUDE, Zuversicht + inneren WEISHEIT + Stärke. Enorm; enormes Durchhaltevermögen + Durchführungskraft. Segen + Heil all jenen, die sich diesem Fortschritt verschworen haben. Du gehörst bereits zu dem auserwählten Kreis der Erleuchteten. Du bist ERLEUCHTUNG + VOLLKOMMENHEIT, DU bist EINHEIT. EINHEIT mit DIR und der ganzen WELT. Der göttlichen Welt, des göttlichen Lichts und der uneingeschränkten, bedingungslosen LIEBE! In welcher Gesellschaft leben wir? In einer fortschrittlichen, und da gehörst du dazu. GEWISS, ganz sicher. Dein Selbstvertrauen, dein Selbstwertgefühl kann dich darin unterstützen. Mangelndes Selbstvertrauen, Selbstwertgefühl zerstören, verhindern deinen Fortschritt. Ich will ins Leben gehen, ins „reale“, dem Fortschritt vertrauend. Selbstvertrauen, Zuversicht wirken wie Opium.

Wozu Beispiele?

Also, wenn wir wieder bei den Beispielen anknüpfen, erkennen wir, dass es an uns liegt, uns zu lieben, damit die Ängste abzubauen und somit Mut zu erzeugen.

Warum bringe ich all diese Beispiele? Um aufzuzeigen, wie man mit der inneren Stabilität, mit dem Selbstvertrauen und Gottvertrauen die Sicherheit erlangen kann. Abbau von Ängsten und Unsicherheiten, von Zweifel und Verzweiflung, von Mutlosigkeit und Selbstvorwürfen. Versuche jetzt ganz spontan, diese Worte umzukehren und für dich als Wirklichkeit darzustellen, zu verinnerlichen. Herzlich in dir willkommen zu heißen. Kannst du diese Wirkung schon spüren? Mir hilft es jedenfalls. Glaube nur nicht, dass ich das alles nicht auch erlebte, dass zwischendurch ein Anflug von diesen Gefühlen hochkommt. ABER ich weiß, was ich tun kann, um sie bereits im Aufkeimen AUFZULÖSEN. Nicht einzementieren, was wir lieber machen. Bitte nicht – so schaffst du nur noch mehr „Probleme" – Herausforderungen. Es löst sich so nie auf. Es erfordert ein hartes Stück Arbeit, in diesen Beton ein Luftloch zu bohren, damit es entweichen kann. Es entstehen körperliche und seelische Schmerzen! Die wir für unsere Weiterentwicklung nicht wirklich immer brauchen. Wenn ich ein Unheil, einen Unfall, eine Katastrophe vermeiden kann, dann tue ich es. Ich jedenfalls. Ich bin aber auch davon überzeugt, dass DU es tust. Also ran an die Aufgabe, die Herausforderung. Begrüße sie und freue dich über jeden Erfolg. Mag er auch in deinen Augen manches Mal gar keiner sein, schau genau hin, du wirst erkennen, dass es doch ein Erfolg war. Betrachte es mit den Augen des Betrachters, wie zum Beispiel bei einem lieben Mitmenschen oder einem Kind. Neutral eben. Vielleicht magst du sagen, das ist alles Kinderkram. Na, auch gut. Möglicherweise kommt irgendwann eine Situation, wo dir dieser Kinderkram wieder einfällt – und du beweisen möchtest, dass das gar nicht funktionieren kann. Viele Gegenargumente wirst du suchen, warum es doch funktioniert hat – das einfachste ist – das war ZUFALL! Ja das ist einfach, so etwas zu behaupten. Was steckt wohl dahinter. Angst davor, es zuzugeben?

Es liegt mir völlig fern, hier Recht haben zu wollen. Es bringt mir und dir gar nichts, wenn ich das versuchen wollte. Was wirklich hilft, ist die eigene Überzeugung. Dann habe ich auch den Mut, das immer wieder zu versuchen. So erhalte ich SELBST die Bestätigung. Nichts von anderen Gesagtes, Wohlgemeintes hat für mich Sinn. NUR meine Überzeugung bringt mich weiter. Hab aber mit dir GEDULD … das ist eine Lernaufgabe – die NIEMALS endet. Ich weiß, wovon ich spreche.

Bringst du dir auch mal selbst ein Geschenk mit? Du bist auf einer Reise. Da bringt man doch einem Zuhausegebliebenen ein Andenken mit. Welches hast du für dich mitgebracht? Die Erinnerung, die Bilder? Ja, das ist sicher was. Mach dir selbst ein spezielles Geschenk. Ein Geschenk, das du beim Kauf bereits als das GESCHENK für DICH erworben hast! Versuch es mal! Das ist deine Wertschätzung. Auch so kannst du dein Selbstwertgefühl stärken. Es gibt so viele Möglichkeiten, die bedauerlicherweise oft ungenutzt bleiben.

Ein anderes Beispiel: Es war Sparen angesagt – also kaufte ich mir ein paar Schuhe, die sehr günstig waren. Ich freute mich nicht so sehr über die Schuhe, nein, die brauchte ich ja, sondern ich freute mich über den Preis … für meinen Sohn, da war der Preis kein Thema, sondern die Freude, die ich ihm damit machte. Natürlich brauchte auch er die Schuhe, aber sie sollten ihm doch gefallen, nicht nur nützlich sein. Kennst du auch so ein Verhalten? Na, dann weißt du jetzt, was du daraus lernen kannst.

Mut zum Experimentieren

Deine brachliegenden Fähigkeiten zu aktivieren, zu benutzen, zu deinem und anderer Wohl! Wer von euch denkt nicht gleich: Oh, anderen helfen – ja, das ist eine schöne Aufgabe. Das ist auch so, ABER zuerst BIST DU. Nur wenn DU dir selbst die Chance einräumst, zu deiner Lebensqualität etwas beizutragen, kannst du es dann auch für andere tun. Ohne dich dabei völlig zu verausgaben, auszupowern oder gar aufzugeben. Ehern ist das Geschirr, nicht unsere Leistungsfähigkeit ohne Selbstschutz.

Es ist ein ständiges, stetes VORANSCHREITEN – wenn man dazu die Zustimmung gibt! OHNE unsere Zustimmung geschieht NICHTS. Die Zustimmung, die FREIE ENTSCHEIDUNG sind immer die Basis, der Grundstock für den FORTSCHRITT.

Mut zur Selbstentdeckung! Ohne sich dabei jedoch zu verurteilen, beurteilen, verteufeln. Lächelnd sagen, ja, das habe ich getan – damit ist jetzt Schluss. Es ist vorbei. Ich beginne NEU. Ein neuer Lebensabschnitt für MICH. Erstaunlich, wie viel Wertschätzung und Achtung plötzlich von allen Seiten auf uns zuströmt. Ist das nicht ein wunderbares Gefühl? Ich liebe es. Dankbar nehme ich diese Entdeckung, diese Zuwendungen an. Sie stärken mich – wie lange – ist es anhaltend? Heische nicht nach Aufmerksamkeit und Zuwendung von außen. Die ist Mangelware. Die echte Wertschätzung und Liebe ist die von dir.

Achte auf dich, dann wirst auch du geachtet.

Versuchen wie ein Kind

Unter Verwendung vieler Hilfsmittel, die hier angeboten werden, werde ich auch dieser Herausforderung, der Herausforderung meiner Lebensaufgaben, gerecht werden.

Ohne Verzögerung vertraue ich MIR! MIR ganz alleine und uneingeschränkt. So wie ich es praktiziere, mich zu LIEBEN. Tagtäglich gebe ich mir selbst die Chance, dies zu beweisen. Hervorragend wird es mir gelingen. Versuche bitte! Versuche, da wir Menschen sind und immer wieder einen neuerlichen Anlauf benötigen, sie sind selbstverständlich und GANZ natürlich. Nicht zögern! Erinnere dich an deine Kindheit oder beobachte ein kleines Kind, wie oft es versucht aufzustehen. Fällt hin, und ein neuerlicher Versuch. Dann kommen die Gehversuche. Wir respektieren jede Ausbildung – auch oft über mehrere Jahre. Warum gestatten wir uns auf dem Gebiet der Selbstfindung, der Entdeckung der ganz persönlichen Erfahrungen und intuitiven Wahrnehmungen nicht auch das Recht, wieder und wieder zu versuchen, auszuprobieren? Speziell dann, wenn wir vermuten oder unser Kopf uns ganz was Wahnwitziges befiehlt, argumentiert. Oft mit enormem Nachdruck.

Kläre ab, was du möchtest: Befehlsempfänger zu sein oder SELBSTENTSCHEIDER! Bleib dabei, was DU SELBST entschieden hast, drehe dich nicht wie ein Blatt im Wind. Natürlich ist es auch möglich, dem von meiner Ratio Vorgegebenen zu folgen. Ist auch wichtig, weil ich daraus was zu lernen habe – denk an das kleine Kind! Schustern wir nicht irgendetwas zusammen! Klar und deutlich sollen unsere Empfindungen sein, kein Mischmasch von allem Möglichen. Aus Erlerntem, Gelesenem, Gehörtem, vielleicht von lieben Menschen Empfohlenem. Wie zum Beispiel bei Schlankheitsdiäten.

Wir erhielten von Gott die Gnade, uns in jeder Sekunde die Freiheit zuzugestehen, zu unserer Entscheidung zu stehen oder NICHT. Auch wenn die Entscheidung mal falsch sein sollte – so kann ich doch etwas daraus lernen … mal nachsehen: Wo habe ich mich selbst in die Verwirrtheit, auf Abwege begeben? Wenn ich das erkenne, dann kann ich es das nächste Mal vermeiden. Ist das nicht eine wunderbare Herausforderung? Eine Herausforderung an uns selbst. Wichtig oder gar unverzeihlich ist es jedoch, mit sich selbst böse zu sein. Das würde so manchen Fortschritt hemmen. Wer hat nicht selbst schon diese Erfahrung gemacht, wo er dann doch nach seinem Kopf entschieden hat und sich hinterher zugestehen, eingestehen musste, dass er daneben gelegen ist? Wie viele haben schon gesagt, hätte ich nur auf mein erstes Gefühl vertraut, nach meinem Bauchgefühl, dem 1. Impuls gehandelt. Jetzt wird es immer öfter vorkommen. So lerne ich daraus. Ein kleines Kind, das versucht aufzustehen, merkt plötzlich, es könnte sich anhalten, und dann war es aber etwas, das nachgegeben hat. Es wird beginnen, sich eine feste, stabile Unterlage zu suchen, ohne seinen Verstand einzusetzen, sondern nur aus seinem Gefühl heraus. Und wir tun es auch, indem wir uns an unsere Erfolge, die wir mit unserer Spontaneität erreicht haben, erinnern.

Kleinkinder entdecken und fragen nicht – wir Erwachsene brauchen wieder dieses ENTDECKEN – OHNE BEWERTUNG – NUR Freude darüber, was wir gerade entdecken, erfahren dürfen.

Es ist kein Kinder-Kram! Sondern eine Erfahrung, die wir täglich aufs Neue machen dürfen. Mit Leichtigkeit, mit Spontaneität.

Eigene Erfahrungen

Ich möchte euch an meinen gemachten Erfahrungen teilhaben lassen. Meine Erzählungen dienen dazu, selbst AHA-Erlebnisse zu haben und zu sagen: Ja, so war es auch bei mir. Ich erkenne mich da selbst. Ist das nicht wundervoll? Auch ich war oft geknickt, wenn meine Erwartungen nicht erfüllt wurden. Warum wohl? Weil ich mich durch meine Zweifel abbringen habe lassen, neue Erfahrungen zu machen! JEDER Mensch hat so seine eigene Entwicklung. Das stimmt sicher.

Danke für dein Verständnis, wenn meine Erzählungen manches Mal unvollständig sein, nicht alles verraten, noch etwas offen lassen. Was meinst du, warum ich das tue? Weil DU deine eigenen AHA-Erlebnisse + Sicherheiten erleben sollst. Und sie sich in dir manifestieren und dir dadurch die nötige Sicherheit verleihen sollen.

Anfänglich, und das waren immerhin 15 Jahre, habe ich mir Fehler nicht verziehen, ich nagte wochenlang daran herum. Warum habe ich das gemacht? Warum, warum, warum? Und was dann noch dazu kam: Ich war enorm BÖSE, bitterböse auf mich, ob meines Versagens, meiner unterdrückten Intuition, meiner unnötigen Scham, meiner übergroßen Angst, etwas FALSCH zu machen, DUMM zu sein, missverstanden zu werden. Vielleicht sogar eine Rüge, einen Verweis, eine Ablehnung zu erfahren. Möglicherweise kamen mir schon mal Hass, Wut, Enttäuschung entgegen. Wie fühlt man sich da? Sicherlich nicht gut, gewiss nicht fröhlich, zuversichtlich und gestärkt. Auch wenn wir Ablehnung, Hass, Wut, Enttäuschung erfahren, heißt es noch lange nicht, dass wir auf dem falschen Weg waren. Es zeigt sich unterschiedlich, manches Mal sehr bald, manches Mal dauert es auch eine lange Zeit – eine für uns schier unfassbar lange Zeit, bis die Erkenntnis den Menschen unserer Umgebung klar wird, dass das, was wir getan, gesagt, veranlasst haben, doch die richtige Entscheidung war. Wir wären nicht die Ersten, die diese Erfahrungen, Erkenntnisse, Begegnungen haben. Gerechtigkeit, Liebe zur Wahrheit und Klarheit haben noch niemals jemandem geschadet, meistens war es das Gegenteil. Hilfe, große Hilfe, weil es dann auch wieder zu Erkenntnissen geführt hat. Vielleicht ernten wir dann sogar Dank. Aber auch wenn wir keinen Dank, keine Anerkennung erfahren, war es doch richtig.

Reinige dich selbst von Bedenken, Vorwürfen, Verteufelungen, ersetzte sie durch Selbstvertrauen, Mut und Wahrhaftigkeit!

★★★★★

Gerechtigkeit ist oftmals ein Thema. Wir setzen uns gerne für andere Menschen ein. Wir verhelfen oft anderen Menschen, lieben Mitmenschen, Angehörigen zu ihrem Recht. Wie sieht es jedoch bei uns aus? Wir verstecken uns, nehmen uns nicht so wichtig … Wir sind wichtig! Ja, meine Lieben: WIR SIND WICHTIG – sonst wären wir nicht auf die Welt gekommen. Unsere Entscheidung ist wichtig, ob sie uns vorwärts bringt, heute, morgen oder übermorgen – oder gar nicht. Das ist wirklich nicht wichtig. Es ist die Entscheidung, die zählt. Auch wenn wir sie in einem Zustand der völligen Unsicherheit, ohne Fangnetz treffen. Erstaunlich, wir werden immer aufgefangen. Ein sicheres Fangnetz wurde für uns bereits zur Verfügung gestellt. Auch das haben sicher viele von euch schon erlebt. War das nicht ein Hochgefühl, eine Freude? Sicher JA!

★★★★★

Gerechtigkeit ist auch nicht immer mit der Gerechtigkeit der weltlichen Gesetze gleichzusetzen. Gerechtigkeit hat bei mir ausschließlich mit Wahrheit, Wahrhaftigkeit, Ehrlichkeit zu tun, wird dadurch bestimmt.

Auch die Gerichtsbarkeit ist für mich nicht gleichzusetzen. Wenn auch von vielen Menschen, Richtern der Versuch gemacht wird, die Wahrheit zu leben. Aber eben da, vor Gericht möchten viele Menschen „GUT“ dastehen. Ich fühle, denke auch, dass nirgends so viel gelogen wird wie vor Gericht. Diese Aufgaben der Richter sind mit enormer Verantwortung, Feingefühl und Charakterstärke verbunden. Hut ab vor jedem Menschen, der es dennoch lebt.

★★★★★

So wie nun beschrieben, spielt es sich oft bei mir ab. Ich bin im Bett – stelle mich aufs Schlafen ein – ein Gedankenblitz kommt – Licht an, Brille auf, Füllfeder auf und schreiben, Füllfeder zu, Brille ab, Licht aus. Schlafen – der nächste Gedankenblitz, wieder Licht an, Brille auf, Füllfeder auf, schreiben – ich warte, es ist Funkstille, also werde ich nun schlafen. Füllfeder zu, Brille ab, Licht aus. Diese Prozedur kann sich sehr, sehr oft wiederholen.

★★★★★

Das andere Mal ich bin schon enorm müde, also ab ins Bett. Kaum bin ich im Bett, bin ich putzmunter, ich überlege – soll ich nun wieder aufstehen und weiterarbeiten? Ja, auch das ist mehrmals vorgekommen. Oder ich schreibe dann Seite für Seite – mit der Hand, was schon gar nicht mein Ding ist.

★★★★★

Wie würde ich handeln? Eine kleine Hilfestellung möchte ich doch gerne anbringen: Bei einer Entscheidung sich vorzustellen, dass es gar keinen Ausweg gibt. Auch zu rufen, wenn wir scheinbar gar nicht gehört werden, oder zu klettern, wenn wir den Gipfel des Berges noch gar nicht sehen können. Zu Laufen, ohne das Ziel zu kennen, eine Rettung zu erahnen, ohne sie zu benötigen.

Bei diesen Überlegungen packt uns sicherlich die Angst, aber wir würden alles versuchen, der Situation zu entrinnen, unser Leben zu retten. Wir würden auch alles versuchen OHNE irgendwelche Bedenken, andere Menschen zu retten. Es ist unmöglich, lange darüber nachzudenken, was man denn tun könnte, um dies oder jenes erfolgreich zu erreichen. Spontan wird gehandelt. Ganz sicher. Versuche es ... bitte ... versuche es! Und – schreib die Spontaneität auf! Beim nachträglichen Betrachten wird man mit Sicherheit sagen: Ja, so hätte ich in dieser Gefahrensituation wirklich gehandelt. Selten, sehr selten geben wir der Spontaneität nicht nach. Was würdest du machen, wenn du siehst, dass jemand vor dir stürzt? Du würdest garantiert hinlaufen und versuchen demjenigen aufzuhelfen. Denkst du darüber nach, was könnte ich jetzt tun? Ich nicht – und DU?

Nun, und wie sieht es aus, wenn du hinfällst? Was würdest du tun? Ich kann dir sagen, ich würde versuchen, so rasch wie möglich aufzustehen. Vielleicht weil ich mich geniere, dass ich hingefallen bin, dass ich so ungeschickt war.

★★★

Beim Autofahren, oh, da bin ich jetzt haarscharf am anderen vorbeigefahren. Würde ich – na, was meinst du – schauen, ob wohl nichts passiert ist? Oder überlegst du in diesem Moment, was hätte passieren können? Das kommt sicher – aber erst einige Zeit später. Warum war ich so unaufmerksam? Was hat mich abgelenkt? Was hat mich veranlasst, so knapp daran vorbeizufahren?

★★★

Es fällt uns ein Mensch ein. Oh, wie schön. Sollte ich nicht jetzt, in dieser hoch technisierten Zeit, diesen Menschen anrufen? Vielleicht bedarf er gerade JETZT meiner Aufmerksamkeit? Benötigt das Hören meiner Stimme, mein Mitgefühl, meine Zuwendung – meine HILFE! Ohne danach gebeten zu haben. In dieser aussichtslosen Situation.

Auch wir würden uns manches Mal wünschen, von jemandem – so einem Engel, der durch das Fenster, auch wenn es geschlossen ist, hereingeflogen käme –, von einem lieben Menschenwesen angerufen, besucht zu werden, weil wir uns gerade JETZT traurig, verlassen, mutlos fühlen. Weil wir nicht den Mut und die Kraft haben, nach Hilfe Ausschau zu halten oder gar darum zu bitten. Wir sind doch stark – wir können das ja ganz alleine schaffen. Wir möchten nicht betteln, niemandem auf die Nerven gehen. Nicht auf „fremde“ Hilfe angewiesen sein. Wie schön ist es, wenn wir erkennen können, dass es eine Gemeinsamkeit gibt. Ich brauche Hilfe, und der liebe Mensch möchte Hilfe gewähren. Es ist eine Erfüllung – ein Jubeln in unserem Herzen. Das ist so etwas Erhebendes, Befreiendes, Beglückendes.

★★★

Garantiert kann es jeder – Hilfe schenken und auch Hilfe gebrauchen. Es gibt niemanden, der von sich ernsthaft behaupten kann, dass er niemals Hilfe und Unterstützung benötigt.

Es gibt unzählige Menschen, die Tag und Nacht damit beschäftigt sind, anderen Menschen zu helfen. Oder auch Tieren zu helfen. Das ist gut und richtig. Sicher eine ganz wunderbare Eigenschaft. Doch möchte ich mich jetzt an dich wenden – kennst du so einen Menschen, oder bist du es vielleicht gar selbst?

Wie sieht es mit dir aus – hast du dir schon mal Gedanken über dich selbst gemacht? Hast du schon mal gesagt: OH, jetzt brauche ich mal eine AUS-Zeit für mich. Ich bin es mir wert, einen Tag nur meine Seele baumeln zu lassen oder sie vielleicht sogar zu streicheln. Hast du das schon mal versucht? Ich ja. Ich kann dir bestätigen, das war ein Geschenk, wie ich es noch niemals empfangen habe. Warum? Weil ich dieses Geschenk mir selbst gemacht habe. Ein wunder-, wundervolles Gefühl. Ein Kraft spendendes Geschenk, ein stärkendes Geschenk. Ich wurde urplötzlich zum Power-Weibchen. Belastbar, nahezu unverletzlich, weil ich mich liebe, weil ich mir dieses Geschenk wert war. Weil ich diese oder jene Herausforderung begrüßen kann, willkommen heißen kann, weil ich mich bewähren kann. Wenn ich bereit bin, auch meinen WERT zu erkennen, werde ich immer wieder bereit sein, mir auch selbst Geschenke zu machen. Zeit ist das größte Geschenk, das man sich selbst machen kann. Diese Wertschätzung stärkt und fördert dein Selbstwertgefühl und lässt dich Dinge tun, die du dir gar nicht zugetraut hättest.

★★★★★

Wenn eine Decke schief liegt, ein Vorhang nicht geschlossen ist, ein Besteck nicht zusammenpasst, ich lerne – dennoch darf ich die Decke geraderichten, den Vorhang zuziehen, das Besteck auswechseln. Ich darf + soll auch meinen Bedürfnissen nachkommen. Das gehört zu meiner WERTSCHÄTZUNG, zu meiner ganz persönlichen Wertschätzung.

Deshalb: Anerkennung, Zuspruch stärkt vorübergehend mein EGO, aber eben nur vorübergehend. NUR ich selbst kann mich emporheben. Das verlangt von mir ganz schön viel Mut.

★★★

Gott steht stets neben uns und hilft uns, wir sind begnadet und dürfen Gott dienen, um zu reifen, um uns für den nächsten Schritt vorzubereiten. Gott will uns helfen, wo immer wir sind, was immer wir tun. Unser Handeln wird göttlich bestimmt, wir haben die Wahl, es anzunehmen oder abzulehnen. Wir dürfen auch Nein sagen, wir dürfen selber entscheiden, wie wir etwas erreichen, erfahren wollen. Entscheiden wir uns für einen steinigen Weg, so gibt er uns die Schuhe dazu, damit wir ihn gehen können. Gott liebt uns. Wir können uns vertrauensvoll an ihn wenden.

★★★

Geduld ist nicht immer meine Stärke, ich möchte schon vorher wissen, was auf mich zukommt. Es wäre aber nicht gut, ich würde sonst vielleicht anders handeln, einen Umweg machen, um aus diesem Dilemma herauszukommen. Schneller, rascher oder überhaupt aufgeben. Gott weiß, was für dich gut und richtig ist. Gottes weiß, was für dich wichtig ist. Gott schützt dich, du darfst vertrauensvoll an ihn glauben, auf ihn vertrauen.

★★★

Du sollst wieder arbeiten, du sollst dein Wissen, deine Erkenntnisse weitergeben, du sollst anderen helfen mit deinem Wissen über Gott, über uns. Du darfst ruhig vertrauen darauf, was du schreibst, es sind nicht deine Gedanken, es wird dir eingegeben, darum kannst du auch so schnell schreiben, selbst müsstest du nachdenken, würdest überlegen und formulieren. Gott hilft dir, deinen Weg zu gehen und das zu erreichen, was es zu erreichen gibt. Gott überwacht alle deine Handlungen, all dein Tun, vertraue und tue es einfach. Gott wird dir all das Handwerk in die Hand geben, um alles der Erfüllung zuzuführen. Vertrauen und Geduld. Hineinhören und deinem Inneren hingebungsvoll vertrauen.

Noch ist es nicht so weit mit deinem Abtritt, war doch nur mal ein Hinweis, was du zu tun hast. Wirklich zu tun hast, nicht nur deine Berufung, sondern auch deine Privatsphäre solltest du pflegen und für Gottes Weisheiten offen sein. Gott wird deine Wege schon lenken. Manches Mal muss eine schmerzliche Erfahrung erst den Weg zeigen.

★★★★★

So soll es sein. Aber wie soll das geschehen? An einem sehr persönlichen Beispiel möchte ich es erklären: Nimm die Führung vertrauensvoll an, und du wirst erkennen, wie es vor sich gehen soll. Also schreibe weiter. Mit Hingabe und Gottvertrauen wird bald dein Buch fertig sein.

★★★★★

Welches Buch? Na, all deine Erfahrungen, die du mit Gott, mit Hilfe von uns gemacht hast. Es wird einen unbeschreiblichen Erfolg geben. Glaube es mir.

★★★★★

Noch habe ich aber keinerlei Erfahrung, wie so etwas geht. Welcher Verlag, welche Verbindungen, welche Aufgaben kommen auf mich zu? Ich habe keine Ahnung! Wie soll das denn gehen? Wie soll ich das mit meinem Beruf vereinbaren? Habe doch auch dort einiges zu erledigen.

Es wird sich lösen, du wirst eine andere Arbeit machen müssen. Du wirst deinen Weg aufgeben und einen anderen beschreiten. Wird wohl auch nicht ganz so leicht sein, aber Änderungen stehen vor der Tür. Gib dein Machtdenken auf. Gib deine verbissene Einstellung, alles perfekt machen zu wollen, auf. Locker lässt sich so manches leichter erledigen als mit Krampf und Kampf. Das Leben auf der Erde ist nur eine Wasserstraße mit vielen Windungen und Kurven.

Du, liebes Wesen, liebe Leserin, lieber Leser, bist der Meister deins Seins, deiner Entwicklung. Stelle dein LICHT nicht unter den Scheffel, du würdest damit deiner ganz persönlichen Wertschätzung nicht dienen. Du würdest das riesige Potenzial in deinem Wesen verleugnen. Sei ein aufmerksamer Hörer deines Inneren, deiner Weisheit in dir. Sei tapfer und schreite mutig voran, auf deine Aufgabe zu. Es gibt gar keine Veranlassung, dir selbst und deiner Kraft zu misstrauen. Lass dich überzeugen!

Gewähre dir täglich, dir mindestens einmal ein Geschenk zu machen – ein Geschenk der eigenen Aufmerksamkeit, die auf dich persönlich, auf dein Sein – als GANZES gerichtet werden soll. So erfährt dein Körper, aber auch deine Seele + dein Geist eine Wertschätzung von ungeheurem Ausmaß, welche dir die Erfüllung deiner Lebensaufgaben erleichtert und zu einem wertschöpfenden, wertspendenden Reservoir wird. Benutze diese Kraft, diese niemals versiegende Energie. Ich liebe mich in unendlichem Masse und so kann ich auch meinen geliebten (ungeliebten) Menschen mit Respekt, Hochachtung, Achtsamkeit im täglichen Leben begegnen. So entsteht in mir ein Vakuum der Liebe + des REINEN, UNVERFÄLSCHTEN LICHTS. Gerne würde ich dir meine Gefühle die ich jetzt verspüre, empfinde, weitergeben, es fehlen mir jedoch aussagekräftige Worte. Du meine geliebte Leserin, du mein geliebter Leser kannst aber beim Aufnehmen dieser Zeile es fühlen. Zumindest erahnen.

Gestatte dir ein klein wenig Zeit, um in dich hineinzufühlen. Spürst du diese wunderbare Schwingung des Eins-Seins mit dir und der Schöpfung? Ja, dann genieße es und erlebe es so, wie es nur für DICH möglich ist, es zu erleben. NIEMAND anderer, auch ein von dir uneingeschränkt empfangendes Wesen nicht, hat dieselbe Empfindung.

Versuch es gar nicht zu erklären. Strahle jedoch voll Liebe dieses wunderbare Gefühl aus und belebe deine Umgebung, aktiviere sie. So werden dein Mitmensch und alle Menschen, denen du heute, morgen oder übermorgen begegnest, deine Schwingung aufnehmen, OHNE Vergewaltigung durch Worte. Einfach nur durch dein persönliches Sein.

★★★★★

Gestatte dir jedoch auch – und dies ist von ungeheurer Wichtigkeit –, einmal auch weniger zu strahlen – auch einmal bedrückt zu sein. Auch diese Erfahrung gehört zu dir, zu deinem Leben. Versuche dennoch stets, die Achtung – Achtsamkeit vor und zu dir nicht zu verlieren, ebenso wenig zu deinen Mitmenschen. Du und die Mitmenschen leben alle von derselben Kraft in unterschiedlichen Qualitätszuständen. Ja, sie verändern sich unmerklich, unbewusst. Lass dich nicht irritieren, wenn du mal nicht „so liebevoll" reagierst auf Angriffe + Verletzungen + Kränkungen. Mach dir die Vielfalt aller Wesen und jedes Wesens im augenblicklichen Zustand bewusst. Sei ein Vorreiter der Liebe – und der Wertschätzung für dich SELBST. So wirkst du auf unzählige Menschen, Wesen, die Luft!

★★★★★

Nicht immer scheint alles zu klappen – unseren Vorstellungen zu entsprechen. Scheinbar läuft alles schief, ist alles daneben gegangen. Rückblickend erkennst du erst den Segen + die Gnade, dass sich diese Nichterfüllung deiner Vorstellungen erst zu deinem Vorteil entpuppt. So habe zu jederzeit den Mut, diese und alle Veränderungen – auch die nicht DEINEN Vorstellungen entsprechenden – anzunehmen, zu begrüßen und freudig zu erfüllen.

In der Erfüllung, in dieser Zeit der Bewährung bist du niemals allein gelassen. Nein, deine Begleitung steht stets parat, um mit dir diese Wandlung, Umwandlung und Veränderung zu gehen. Egal, welche Form, welches Wesen du auch dazu einlädst – es wird dein/e ganz persönlicher Begleiter/in sein. Hefte dich nicht an die Schuhsohlen irdischer Besserwisser, sondern verweile staunend in dem, was in DIR ruht und nur von dir eingeladen, angemessen angenommen zu werden braucht.

★★★★★

Gestatte mir diesen HINWEIS: „DU BIST DIE KRAFT, DER SEGEN“, du entscheidest. Dieses enorme unaufhaltsame Wirken, dieses unerschöpfliche Geschenk bist DU als WERTSCHÖPFUNG. Ganz alleine DU bist verantwortlich, deine „Entscheidungsfreiheit“ in jedem Augenblick zu erleben und auch umzusetzen. Du allein bist das einzigartigste WESEN!

★★★★★

Gratuliere dir zu ALLEM was du erkennen, erleben und umzusetzen vermagst. Rechenschaft abzulegen für deine Gedanken – die die Basis allen Handelns sind – brauchst du nur vor und in dir selbst. Selbst scheinbare Fehlentscheidungen entfalten eine Wirklichkeit, die zum Wohle von dir selbst und zum Wohle deiner dir anvertrauten Menschen dient.

★★★★★

Gedankliches Abgleiten in eine irreversible Welt sollte tunlichst vermieden werden. Aufmerksamkeit ist dein wichtiger Faktor!

★★★★★

Irrsinnigen, wahnsinnigen Menschen solltest du auch respektvoll – NICHT herabwürdigend – begegnen. Du brauchst dich jedoch auf gar keinen Fall mit ihnen verbünden.

★★★

Menschen die ständig mit allem möglichen Wissen experimentieren – aus Neugier, nicht aus einem inneren Bedürfnis, sich entwickeln zu wollen – solltest du ebenfalls meiden. OHNE zu missionieren – lass sie ihren Weg gehen. Nur wenn du ganz stark bist, in dir völlig ruhst, hast du die Aufgabe, sie auf ihren Irrweg hinzuweisen. Sei getrost. DU weißt es ganz genau, wann der Zeitpunkt für DICH und für den anderen Menschen gekommen ist. Wenn die Zeit reif ist – wenn dieser andere Mensch, dieses andere Wesen – die Bereitschaft hat, auch dies unumwunden, ohne jeglichen Abwehrmechanismus anzunehmen.

Versäume nicht diesen inneren Impuls – es ist DEINE Aufgabe, anzunehmen und auch JA zu sagen, umzusetzen. Auch dann, wenn Ablehnung, vielleicht auch Hass dir entgegenschwappen. Lass es in dir, in deiner Stabilität ruhen – ohne Bewertung, Urteil oder gar Verurteilung!

★★★

Inmitten von CHAOS erreicht dich die göttliche Weisheit und stärkt dich – dachte, ich kann das Buch auch in drei Wochen schreiben (es dauerte aber wesentlich länger, vielleicht waren auch drei Monate oder gar drei Jahre gemeint). Es benötigt gar keiner eigenen Vorbereitung – keines ZWANGES. Es entsteht ein GESCHEHENLASSEN!!

★★★

Es ist alles in Bahnen. In richtigen Bahnen. Wir können uns entfalten und entwickeln. Wir dürfen, sollen und können es. Es ist unsere eigene Zulassung, Einlassung, die diese Entwicklung bestimmt.

★★★

Ins Kreuzfeuer geraten. Ins Kreuzfeuer.

★★★

Es ist seit ca. zehn Minuten ein Gefühl im B(a)uch, das mich antreibt. Ich kann es nicht beschreiben. Es ist ein sicheres, kraftvolles und auch ein wenig freudvolles Gefühl. Begleitet mit viel, viel Dankbarkeit, tiefer, tiefer unsagbar tiefer Dankbarkeit, fundamentaler Dankbarkeit. Ja diese Dankbarkeit bildet den Boden, das Fundament für das Haus, das ich jetzt aufbaue ... Nicht ich – oder doch ich – es ist das in mir, das baut, hämmert und meißelt.

Ich getraute mich kaum, mich zu bewegen, um ja nicht dieses Gefühl, diesen Segen, diesen Kontakt zu meinem Inneren, zu Gott und seiner Führung zu verlieren.

Es ist so weit, ich darf schreiben, schreiben, schreiben. Segen, zahlreicher Segen, unzählige Lichtpunkte schwimmen mir zu.

★★★

Das Nachfolgende schreibe ich direkt in den PC. Ich bin erfüllt von der göttlichen Liebe und vom göttlichen Licht.

Es weitet und breitet sich aus – überall hin ... überall hin. Ich bin in mir und Gott ist in mir. Ich bin bereit, meine Lebensaufgaben zu erfüllen und sie ernsthaft und mit größter Sorgfalt zu vollenden. Ich bin in mir, und Gott ist in mir. Ich bin bereit, immer und überall auf meine göttliche Stimme zu hören. Auf mein göttliches Sein zu achten und mich traumhaft zu bewegen. Bewegen immer im Schein des göttlichen Lichts. Der göttlichen Liebe und der göttlichen Führung mit Sorgfalt und Hingabe. Ich bin bereit. Sein oder nicht sein. Bewegen und nicht bewegen. Glauben und vertrauen ohne Unterlass und ohne zu zögern. Ich bin bereit, in meiner Heimat ein Zuhause zu finden. Ein Zuhause, das es nirgendwo hier auf dieser Erde gibt.

Dennoch erhalte ich mein Domizil als Geschenk, als göttliches Geschenk. Als Freigabe meines göttlichen Seins. Ich bin in Hingabe und Demut meiner Selbst. Ich bin ich und als solches Geschöpf Diener meines Herrn und Schöpfers, meines über alles geliebten Gottes und seiner Gnade. Demütig und voll Geduld warte ich auf die Hinweise, die mir unaufgefordert bereits zugeflossen sind und zufließen werden. Ich erfülle Sie ALLE, ALLE und vertraue. Ohne Zweifel und ohne Zögern. Ich handle so, wie mir empfohlen.

★★★

Ich bin ein göttliches Wesen, als solches soll ich mich auch immer beweisen und bewähren. Es ist nicht gut, sich ständig nach Neuem umzusehen. Es ist so, wie es ist, gut. Sei voll Demut und Geduld. Und voll Hoffnung und Zuversicht, gepaart mit dem göttlichen Licht. Gepaart mit einem unerschütterlichen Gottvertrauen.

Ich danke der göttlichen Führung und bin bereit, bereit zu sein, jederzeit und immerdar. Ich bin, dass ich bin. Ich bin, dass ich bin. Ich bin ich und ich bin in Gott und Gott ist in mir. Ich bin bereit, auch Fortschritte und Entwicklungsschritte zu machen. Ich glaube fest und unerschütterlich an die Liebe Gottes. Es ist alles für mich bereitgestellt und von untrügerischer Einfachheit und Glaubwürdigkeit und Kompetenz vorgeplant und bereitgestellt, zur Verfügung gestellt. Nur noch zugreifen und die Geschenke annehmen, ohne Unterlass beten und vertrauen. Vertrauen auf Gottes Ehrlichkeit, Wahrhaftigkeit und Gültigkeit. Gültig von Anbeginn der Erde und des Weltalls, der Natur und der feinstofflichen Lebewesen. Sich zu ihnen gesellen und sich mit ihnen und Gott zu vereinen. Es ist nicht wichtig, sich ständig nach Neuem umzusehen und zu laufen.

★★★★★

Gehe in dich! Dort findest du die Antwort, die Antworten, alle Antworten. Ja, glaube, VERTRAUE und BEFOLGE! Handlungsfähigkeit ist im ausreichenden Maß vorhanden.

Ewiger Gott und Vater, lass mich deine Güte und Hilfe spüren ... deine Führung für mich und für alle anderen Menschen, die du mir anvertraut hast. Lass mich meine Intuition wahrnehmen und ihr auch folgen. Voll Vertrauen handeln. VOLL VERTRAUEN! Danke.

★★★★★

Im Segen und Heil ist alles drinnen. Es gibt kleine Schlupflöcher, aus denen deine Energien entweichen, schließe sie zu. Es sollte nichts eindringen, was dir, deinem Körper, deiner Seele und deiner Intuition Schaden zufügen könnte. Stopf sie einfach zu, SCHLIESSE dich ab. Es ist nicht gut, so viel Mitgefühl für andere Menschenwesen zu entwickeln, wenn du es für dich selbst nicht auch hast, nicht in Anspruch nimmst.

Sei dir deiner Sendung und Segnungen, göttlichen Segnungen bewusst. Es gibt keinerlei Grund, sich heimtückisch vor der Verantwortung davonzustehlen und sich nicht der Herausforderung zu stellen. Es ist nicht deine Aufgabe, ständig, wiederholt nachzufragen, ob es wirklich gut und richtig ist. Wo ist dein Vertrauen zu Gott und seiner Führung, seiner Güte und seiner Gnade. Sei dir deines Wertes bewusst!

★★★

Es gibt Zeiten, wo es einen scheinbaren Stillstand gibt. Zur Vorbereitung wird er genutzt. Gestatte dir auch hin und wieder eine Pause. Eine Leistungspause. Ohne schlechtes Gewissen. Ohne dich dafür zu entschuldigen. Es muss nicht immer und ununterbrochen gearbeitet, geleistet werden. In der STILLE gibt es viele, viele Hinweise. Einfach nur STILLE ohne etwas, ohne irgendetwas ... ohne Aktionen ... lesen, schreiben, arbeiten. Einfach nur STILLE, RUHE, NICHTS.

★★★

Ich bin in mir und glaube fest an meine göttliche Führung. An mein göttliches Sein. Ich bin Fortschritt und Entfaltung. Eine große Ausbeute für diese Zeit. Es ist genug. Es ist wirklich genug. Du darfst dich auf die Einweihung freuen. Es geschieht ganz von selbst ohne dein Zutun. Ich bin gerührt und auch gleichzeitig sehr verblüfft.

★★★

Es darf alles so sein. Warum zweifeln, wenn es auch mit Vertrauen möglich ist? Zweifel zerstören deinen Wirkungskreis, deine Entwicklung, deine Wahrnehmungen, deine Fortschritte.

★★★

Es ist revolutionär. Es geht um deinen geistig-spirituellen Aufstieg, der dem Hier + Jetzt dienlich sein sollte, Erleichterung des Täglichen, den Kampf, das Verstehen der An-, Auf- und Herausforderungen. So erleichtere ich es mir, dadurch verschiedene Aspekte zu verstehen, zu erkennen und umdenken zu lernen.

Warum diese Erlebnisse? Warum diese Erfahrungen? Damit du verstehst, was die einzelnen Buchstaben und die dazugehörigen Worte bedeuten – auslösen. Welche Verwendung, Anwendung sie finden können, sollen. Die Verantwortung für das eigene Leben übernehmen, nicht sich treiben lassen. Ohne eigene Aktionen gar nichts geht. Nicht schon vorher nach dem Sinn + Zweck + Erfolg fragen, sondern im Anschluss daran das Resümee ziehen – die Erkenntnis kommt von ganz alleine. Ohne Wünschen + Wollen. Nichtsdestoweniger gibt es immer einen Ausweg, eine Lösung, eine Erklärung, wenn man sie denn braucht.

Auch wenn man schon oft Schiffbruch erlitten hat, schon oftmals – was soll's, war doch nur eine Erkenntnis, eine Erweiterung meiner Selbst.

Ich bin nicht anders als Du + DU – nur, dass ich ein weiteres Werkzeug zur Bewältigung der Lebensaufgaben gefunden und verfeinert habe.

Partnerschaft

Eine Partnerschaft ist nicht zwingend vorgeschrieben. Was passiert denn in so einer Partnerschaft wo nichts mehr funktioniert? Es entstehen immer mehr Klüfte und Abgründe, Hassgefühl, Rachegedanken und Abneigungen ... und all das schadet jedem Menschen.

Hiernach folgen Kummer, Tränen und Trennungsschmerz.

★★★★★

Ihr werdet es nicht glauben, alles schon selbst erlebt und durchlebt ... alle Höhen und Tiefen. Viele Tiefen und Höhen.

★★★★★

Partnerschaft, erotische Liebe kann nicht über Ehekrisen hinwegtäuschen, aber es hilft, sie oftmals zu überwinden. So lange, bis man sich auch im täglichen Stress wieder verständigen kann. Bis man wieder genügend Energien, Durchhaltevermögen gesammelt hat, um sich ganz normal zu verständigen.

★★★★★

Im Klartext reden, oh, wie wichtig es ist, versteht man erst, wenn man es wirklich praktiziert hat. BEIDE! Der seelisch Stärkere beginnt damit, dann zieht auch der andere Partner mit. Ausprobieren, einfach ausprobieren. Mit Sicherheit lässt sich oft eine Trennung vermeiden, weil sich der „Klartext" in Form der WAHRHEIT manifestiert. Wahrheit ergibt dann Achtung und Respekt. Achtung und Respekt bündelt tiefe und ehrliche Liebe. Bedingungslose Liebe. Keine fordernde, keine erzwungene oder gar geheuchelte. Nein reine, aufrichte Liebe. Verstehen, ANNEHMEN.

Annehmen, damit ist nicht gemeint, Erniedrigungen, Kränkungen anzunehmen, hinzunehmen. Opferlamm zu spielen. Nein, meine Lieben, nein und abermals nein.

★★★

Selbstverständlich gibt es auch Begegnungen, bei denen man schon nach kurzer oder aber auch erst nach längerer Zeit merkt, welche Lernaufgabe hat mir dieser Mensch gebracht. Habe ich gelernt, mich selbst zu achten, und bin ich ehrlich, so ist es auch damit abgetan, und jeder darf sich in eine andere Richtung entwickeln.

★★★

Kleinbürgerlichkeit, kleinkariertes Denken und Verhalten stoppen jede Entwicklung. Jeder für sich ist eine Persönlichkeit, und diese Persönlichkeit soll der Mensch auch deutlich und klar ausdrücken. Seine Bedürfnisse preisgeben und nicht mit sich und dem anderen hadern und ihn im Unklaren lassen. Nein, solange Unehrlichkeit, falsch verstandene Ignoranz der eigenen Empfindungen und Bedürfnisse vorhanden sind, werde ich leiden, zuerst meine Seele und dann auch mein Körper. Solange bis mir ein Licht aufgeht, es bei mir klick macht. Wenn es dann so weit ist, auch danach handeln. Nicht wieder auf die lange, lange Bank schieben. Sich selbst quälen mit eigenen Vorwürfen, die vielleicht sogar dann noch vom Partner untermauert werden. Ehrlichkeit, unbedingte Ehrlichkeit zu sich selbst ist Grundvoraussetzung jedes Lebens. Jedes Lebens, ob in einer Ehe, Partnerschaft, Freundschaft oder auch alleine, verdient es, gelebt zu werden. Licht in das Leben zu bringen.

Licht bewirkt Freude. Freude – Elan. Elan – Entwicklung. Entwicklung – Entfaltung und weiter zur Vervollkommnung. Reif sein, sein Leben selbst in die Hand zu nehmen und zu entscheiden: Was will ich, was möchte ich? Und dann tue ich DAS.

★★★★★

Fürsorge hat mit Selbstaufgabe, Unterwürfigkeit gar nichts zu tun. Es war mir ein echtes Vergnügen, diese Worte zu schreiben. Nicht zu dichten, sondern Wahrheit zu leben.

Meine persönliche WERTSCHÄTZUNG: Gedanken / Erfahrungen

Erzählungen von meinen Erfahrungen, Erlebnissen und die daraus entstandenen Verständnisse, Erklärungen ... Soweit es wichtig ist, sind Erklärungen hinzugefügt, ansonsten bilde dir selbst deine Erklärungen aus deinen in dir hochsteigenden Empfindungen. Für jeden Einzelnen hat es eine spezifische Bedeutung. Man merkt es nicht immer, ob es aus dem Kopfdenken kommt oder ob sie aus dem Innersten entstanden sind, die Wahrheiten. Der Kopf spricht häufig eine andere Sprache, vor allem anfangs. Die Unterscheidung spielt eine äußert wichtige Rolle.

Diese Erfahrungen habe ich zu unterschiedlichen Zeiten gemacht. In Meditationen oder auch in Wachträumen oder aber auch, wenn ich einfach nur so mit anderen „weltlichen" Dingen beschäftigt war. Ich bin die göttliche Liebe und das göttliche Licht. Ich habe eine Mission zu erfüllen? Dank sei Gott, dem Herrn. Es kann schon sein, dass meine Wertschätzung fehlte, weshalb ich mich auch oftmals sträubte, diese meine Erlebnisse kundzutun. Vielen Menschenwesen zugänglich zu machen. Es ist wirklich eine Herausforderung.

★★★★★

Es ist möglich, dass wir Menschen begegnen, die Spaß + Freude dabei empfinden, andere zu quälen, Erniedrigungen und ganz bewusst Kränkungen herbeiführen. Mit diesen Menschen brauchen wir uns auf gar keinen Fall messen. Wir brauchen es auch ganz und gar nicht gutheißen. Für uns besteht die Herausforderung, die Aufgabe, darin, diesem Treiben entgegenzuwirken. Es NICHT stillschweigend hinzunehmen.

Auch das AKZEPTIEREN sehe ich als Mangel und kann mich niemals damit anfreunden, auch dann nicht, wenn mir dadurch Schaden zugefügt wird. Aussagen wie: „Hättest du doch dazu geschwiegen", „Wärest du still gewesen", „Hättest du diesen Menschen keine Möglichkeit gegeben, dich dermaßen vorzuführen."

JA, das mag stimmen. Durch die Passivität wachsen diese Menschen immer mehr, und sie vermehren sich rasant, und schon bald wird die Übernahme aller Gedankengüter vollzogen sein. Diese Beherrscher räumen dem Licht nur wenig bis gar keinen Platz ein. Dunkelheit wird uns beherrschen. Wir leiden Mangel an Licht.

★★★★★

In so einer Welt möchte ich nicht leben, existieren. Es scheint die Aufgabe jedes EINZELNEN Menschenwesens zu sein, das Licht – wohlgemerkt das göttliche Licht – in sich zu tragen und die Umwelt damit zu erhellen – einfließen zu lassen in ALLEM, was uns begegnet.

★★★★★

Viele Menschen sind der abwegigen Ansicht, dass Licht gleich Licht ist – für mich stellt sich das NICHT so dar. Es ist das reine, göttliche Licht, nicht das künstliche, herbeigeredete Licht. Das Licht, das angeblich REIN sein soll. Ich distanziere mich von solchen Aussagen. Ich distanziere mich von solchen Menschen, deren Funktionstätigkeit einzig und allein dem Zweck dient, die Menschenwesen in die IRRE zu führen, um sie einzulullen und um leichter Manipulationen an diesen Wesen durchführen zu können.

★★★★★

Es gibt solche gefährlichen Institutionen, die bereits über eine sehr große Macht in weltlicher und seelischer Beziehung verfügen. Ich distanziere mich ganz entschieden.

Selbstverständlich waren oder sind meine Ansichten auch nicht immer die klarsten, dennoch, und das möchte ich allen Leserinnen und Lesern versichern, von einer Demut getragen, dass auch ich mich in gewisser Weise geirrt haben kann. Aber ganz gewiss nicht, um irgendjemand damit Schaden zufügen zu wollen. Es war sicherlich immer in aufrichtiger und ehrlichster Wahrhaftigkeit gesagt, geschrieben. Mag sein, dass du dich durch diese Worte jetzt etwas verunsichert fühlst. Keine Angst, das göttliche Schutzschild hat und wird immer funktionieren, wenn du dich in Ehrlichkeit + Wahrhaftigkeit DEINEM INNERSTEN, DEINEM GÖTTLICHEN zuwendest. Gott lässt uns nie untergehen, noch wird er uns jemals verlassen. Wenn sich jemand abwendet, dann ist man das SELBST, NIEMALS GOTT.

Auch dieses Gefühl, von Gott verlassen worden zu sein, hat mich getroffen. Es war eine ganz schlimme Zeit. Ich brauchte sie, um in mir die Kraft, die Stabilität zu erzeugen, dass ich ein Gottesgeschöpf bin und er in mir wohnt und ich eins bin!

Aufrichtigkeit. Es gelang mir nicht immer, aufrichtig zu sein. Es war mir auch gar nicht so bewusst. Nur beim Rauchen, als ich dann anfing, mich zu belügen, weil ich nur eine bestimmte Anzahl von Zigaretten rauchen wollte, und ich mir dann Ausreden selbst erdachte, warum ich diese Anzahl nicht eingehalten habe, wurde mir das zu viel. Ich mochte das nicht mehr! So nahm ich Abstand davon, mir eine bestimmte Anzahl an Zigaretten zuzugestehen. So lernte ich, die Wahrheit zu leben. Dies habe ich – ich bin überzeugt – geschafft. Wenn mal irgendetwas nicht „so Ehrliches“ herauskommt, frage ich mich, was wohl der Grund dafür war. Und bessere es sofort wieder aus.

★★★

Es gelingt mir nicht immer bedingungslos, die bedingungslose Liebe zu leben. Stets gegenwärtig ist mein ehrliches, aufrichtiges, unumstößliches Bemühen.

★★★

Lügen machen mich nicht nur traurig, sondern auch zornig, was zur Folge hat, dass ich auch über mich traurig werde. Ich wurde meiner Aufgabe nicht gerecht, den Menschen auf seine Lüge hinzuweisen, auch wenn ich es sollte.

★★★

Womit ich immer schon schlecht umgehen konnte, war und ist, wenn Hilfesuchende zu mir kamen und ich intuitiv empfangene Empfehlungen aussprechen durfte. Und diese Menschen sie zuerst auch ernst zu nehmen schienen, dann aber doch in die andere Richtung gelaufen sind. So sehr hätte ich es mir gewünscht, wenn sie die Hinweise, Empfehlungen ernst genommen hätten. Sie hätten sich viel Kummer und Leid erspart. Was ich mir wirklich immer aus tiefstem Herzen, mit all meinem Sein für sie ersehnt hätte. So ist es eben. JEDER Mensch hat zu jedem Augenblick die Möglichkeit und die FREIHEIT, sich selbst zu entscheiden. Dies wurde uns vor der Geburt schon geschenkt. Wie kann ich da den Anspruch erheben, dass die Menschenwesen sich von meinem Gesprochenen, Geschriebenen leiten lassen, wenn Gott so unglaublich großzügig ist. Ich sollte es auch sein, was mir wirklich nicht immer gelingt. Mein Wunsch ist und war es auch stets, den Menschen zu helfen, ob die Menschen dann meine Hilfe annehmen oder nicht, darf nicht mehr meine Aufgabe sein. So siehst du, dass ich immer noch Mensch geblieben bin, mit meinen Sehnsüchten und Wünschen und dem enormen Bedürfnis zu helfen. Obwohl – ich möchte das unbedingt auch noch anbringen – ich von meinem Helfersyndrom schon einiges abgebaut habe. Wie man sieht, noch zu wenig.

★★★

Rechenschaft ablegen muss, darf und soll man. Ja, jeder Mensch wird einst zu all dem stehen, was er getan und oder auch nicht getan hat. Ich für meine Person erhoffe mir, dass ich all diese Schwächen abbauen kann, um dann wirklich gereinigt nach Hause gehen zu dürfen. Die Sehnsucht, den vielen Menschenwesen Kummer, Leid und Sorgen zu ersparen, werde ich wohl so ziemlich bis an das Ende meiner Tage hegen.

★★★

Vorsicht vor Wünschen, je höher der Grad der Erleuchtung, desto höher die Verantwortung. Aber bedenkt auch, dass es nicht immer zu unserem Vorteil ist, wenn ein Wunsch in Erfüllung geht – er könnte meinem göttlichen Plan widersprechen und einen Umweg hervorrufen, erzeugen, welcher mir ohne diese Wunscherfüllung erspart geblieben wäre.

★★★

Ich habe mein Selbst verlassen und habe nur nach außen gelebt. Gehorchte dem, was mir von den Anderen entgegengebracht wird. Wie viel bin ich den Anderen wert? Was bin ich mir selbst wert? Selbstwertgefühl war zu dieser Zeit keineswegs vorhanden. Gnaden, dachte ich, kommen von AUSSERHALB statt von INNERHALB.

Sucht nach Ruhm + Anerkennung war wichtig. Ich war NICHT so wichtig. Ich SELBST war mir nicht so wichtig. In großer Gesellschaft Aufmerksamkeit auf mich zu ziehen, zu erhalten, das war für meine Selbstbestätigung wichtig. Wie lange hat das angehalten? Vielleicht ein paar Stunden, längstens einen oder ein paar Tage – dann war diese Sicherheit verschwunden, und ich stand ausgehöhlt, verlassen da. Es gab keine Anerkennung – keine Aufmerksamkeit mehr. Ich war NACKT, ohne diese Hülle durch Andere. Also was mache ich da, ich suche mir selbst was zum Anziehen, ohne diese Hülle, die mir in kurzer Zeit wieder entzogen wird.

★★★★★

Heute bist du jemand, morgen schon nicht mehr. Oder es nimmt den umgekehrten Lauf an. Man zerrt dich in die Öffentlichkeit, um dich dann vor der Welt lächerlich machen zu wollen! Diese Chance möchte ich niemandem zukommen lassen, schon gar nicht ermöglichen. Wie siehst du das? Möchtest du das? Ich auf keinen Fall!

★★★★★

Natürlich gibt es Situationen, wo es dennoch so weit kommt, aber du hast die Kraft + Möglichkeit, dem mit deiner Innerlichkeit, mit dir als Person entgegenzutreten. Sag – ist das nicht eine hervorragende Aussicht? Ich sage JA. Gott Vater, Gott Sohn, ich danke für die Stärkung, für die kraftspendende Erkenntnis! Dank sei Gott, dem Herrn, der alles lenkt. DEIN WILLE geschehe. So wie es in mir lebt und gelebt werden kann, umgesetzt werden möchte. Ich als Menschenwesen stelle mich zur Verfügung, es auch zu tun.

★★★★★

Viele Jahre habe ich damit vergeudet, Menschen helfen zu wollen. Ohne sichtlichen Erfolg – zumindest nicht im ersehnten, erhofften, erwarteten Umfang. Wir Menschenwesen neigen zu vorschnellen Beurteilungen – so auch ich. Das möchte ich künftig vermeiden.

★★★★★

Das Leben besteht nicht aus Paragraphen oder aus Kolonnen von Zahlen – es besteht aus dem „LEBEN". Dem Empfinden, dem ganz persönlichen Empfinden ohne Kopf und seine Bewertung. Die Weisheit, die Intelligenz ist das, was in uns ist, und nicht das, was uns gelehrt und von uns erlernt wurde. Intelligenz ist diese Weisheit, die wir mitgebracht haben und durch unser LEBEN, unser SEIN verfeinert, geschärft und entfaltet haben.

★★★

Überheblichkeit ist das, wenn ich glaube, dass ich alles richtig gemacht habe, ohne die feinen, zarten Hinweise aus dem Inneren zu spüren, zu leben, anzuerkennen und aus tiefster Überzeugung sagen, bestätigen zu können; Ja, DANKE für die hohe Intelligenz, die höchste Wahrheit.

Außer wenn ich ständig für meine Gedanken, Handlungen, Taten nach Erklärungen, Ausreden suche, Beurteilungen, Bewertungen, Analysen er- und anstelle! Wenn ich Klatsch und Tratsch brauche, Bestätigungen, Zustimmungen durch ANDERE, nach Anerkennung lechze. Wenn ich mir selbst nicht genüge. Wenn ich durch vermeintliche oder tatsächliche Zurückweisungen mich gedrängt fühle, mich zu verteidigen, mich zu rechtfertigen! Wenn ich weder mit Denken noch mit den fünf Sinnen begriffen habe, worum es wirklich geht. Nämlich um mich, ganz persönlich nur um mich – nicht um den Anderen, was er getan oder nicht getan, veranlasst oder wahrgenommen hat. Ob er leibhaftig gelebt hat, sondern ob ich gelebt habe. Wer Zurückweisungen erlebt hat, sollte zuerst mal ergründen = in sich hineinfühlen, welche Erkenntnis meine Weisheit parat hat. Die ganz allein nur mich betrifft, was ich dadurch zu lernen habe.

★★★

Ein Gefühl der Leere, des NICHTWOLLENS, des Gewahrwerdens war da. Der Leere OHNE irgendeine Erwartungshaltung.

★★★

Wenn Anerkennung, Lob von außen auf mich zukommen, nehme ich sie dankbar an mit der festen Überzeugung, dass ich sie gar nicht brauche! Denn die Sucht nach Anerkennung und Lob ist Mangel an Selbstliebe und Selbstachtung, Selbsteinschätzung. Es ist ganz duster in mir ... es zeigt mir die Freiheit der Stille, des Zuhörens, des Wahrnehmens, des Gewahrwerdens.

★★★

Es hat das Herz + Bauchgefühl gesprochen, es war nicht der Verstand.

★★★

Fahre zum Häuserl im Wald und gehe dann bis nach Mariatrost – zur Wallfahrtskirche – und dann wieder zurück zum Häuserl im Wald. In der Kirche möchte ich eigentlich „nur" zehn Kerzerl anzünden, möchte wechseln. Die beim Stand verweigert es mir, und die Dame in der Kirche hat kein Geld bei sich. So lasse ich es und zünde für mich eine große Kerze an und zehn für mich und Christian und Madeleine und alle, die diese Hilfe brauchen.

Schreibe dann folgenden Text ab, weil er mir in diesem Moment ganz viel Kraft vermittelt: Herr, diese Kerze, die ich hier anzünde, soll ein Licht sein, durch das du mich erleuchtest in meinen Schwierigkeiten und meinen Entscheidungen. Es soll ein Feuer sein, durch das du in mir allen Stolz, allen Egoismus und alle Unehrlichkeiten verbrennst, durch das du mein Herz erwärmst und mich lieben lehrst. Herr, ich kann nicht lange in dieser Kirche verweilen. Mit dem Brennenlassen dieses Lichts soll ein Stück von mir selbst hier bleiben, das ich dir schenken möchte. Hilf mir, mein Gebet im Tun und in der Arbeit dieses Tages fortzusetzen.

★★★

Geiselnehmer sind, Scientologe ...

★★★

Wenn einer die Tür zuschlägt, macht ein Anderer wieder eine auf, möglicherweise bist auch DU der Andere!

★★★

Rettungsanker zugeworfen hat ...

⋆★⋆

Ja, jetzt ist es wieder ganz extrem da. Geliebter Gott und Vater, seit gestern und heute spüre ich das ganz wunderbar. Tss, wau … es ist an meinem, ja es ist an meiner Schädeldecke so, als würde da jemand herumkrabbeln … heute ist es stärker auf der rechten Seite … gestern habe ich es an der ganzen Schädeldecke gefühlt. Und nun ist noch dazugekommen, dass mein rechtes Ohr (= Lichtkommunikation Empfang 7. – 12 Dimension + Senden von Botschaften an 7. – 12. Dimension, Interpretation von Alexandra Pfister) sich so anfühlt, als hätte sich eine Klappe geöffnet, wie bei einem Transporter, bei einem Lastwagen, wo man diese Klappe öffnet, damit man leichter ein- und ausladen kann. Mir ist gerade ein Pferd, ein Pferdetransporter eingefallen … hahaha … ach … jetzt ist es ganz sanft zu spüren, es ist so, als würde jemand innehalten … Das rechte Ohr ist interessant, wau … ah, als würde da ein ganz riesiges Tor sein, mein Ohr … einladend, beglückend, befreiend … ich getraue mich gar nicht mehr, mich zu bewegen … weil ich dieses wunderbare Gefühl noch länger genießen möchte. Hm … so, nun halte ich meine Hände auf meinen Positionen … ich habe noch immer das Gefühl bei meinem Ohr, lustig, dass es wie ein Scheunentor offen ist. Hm, hm … jetzt habe ich wieder dieses Kribbeln auf meiner Schädeldecke.

Mhm, die Seiten purzeln nur so runter … In der Wachstumsphase ist das oft so. Ich fühle mich sehr wohl nach diesen göttlichen Informationen. Gestärkt werde ich nun dem Irdischen den Vorzug geben und ins Bad und anschließend einkaufen gehen.

⋆★⋆

Mein Bett rief, komm, leg dich noch ein bisserl hin, ruhe dich noch etwas aus, es ist ja noch so dunkel, finster hier … brrrrr … das Rufen war sehr intensiv. Ich sagte – ich mache zuerst meine tägliche Übung, dann vielleicht.

Nun bin ich hier und es geht mir gut. Das Rufen ist verklungen – ich brauche es nicht mehr, habe mein Vorhaben umgesetzt, mein Versprechen eingelöst. Freude + Dankbarkeit und auch Stolz keimen in mir auf. Welch wundervolles Gefühl der Selbstüberwindung, welche Stabilität + Durchhaltevermögen, Durchsetzungskraft habe ich bewiesen. Schön, sich schon am frühen Morgen so zu überwinden. Kein noch so wertvolles Geschenk lässt sich mit diesem Empfinden gleichstellen. Es ist ein Staunen – unglaublich – ich habe es geschafft, den hohen Berg zu überwinden. Dank sei Gott, dem Herrn.

★★★★★

Ein herzensguter Mensch bist du. Gnaden + Reichtum erschöpfen sich nicht leicht.

★★★★★

KLARHEIT der Gedanken gibt.

★★★★★

In einer Meditation erhielt ich Anubis: Für mich bedeutungsvoll ist das Zusammenfügen von vielen Erfahrungen und Erkenntnissen und auch das Erhalten dieser durch das Niederschreiben in meinem Buch. Diesen Auszug aus dem Internet möchte ich übernehmen: In der Mythologie soll Anubis eines der vier Kinder des Gottes Re sein. Laut einer späteren Fassung des Osirismythos ist er der Sohn des Osiris und seiner Schwester Nephthys. Seit dem Alten Reich gelten Hesat als seine Mutter und Kebehut als seine Tochter. Nachdem Osiris von seinem Bruder Seth zerstückelt und auf der ganzen Welt verteilt worden war, sammelte Anubis gemeinsam mit Isis alle Teile wieder ein. Danach soll es ihm gelungen sein, Osiris wieder zusammenzusetzen, indem er ihn mumifizierte. So hat Anubis, dem Mythos

nach, die erste Mumifizierung an einer Leiche vorgenommen. Für Osiris vollzog er dann die Totenriten, die zum Vorbild aller Bestattungszeremonien wurden. Dazu kommt noch, dass Anubis mit dem Ankh-Zeichen dargestellt wird, welches das „Ewige Leben“ symbolisiert.

★★★

Sehe eine Buche – mein Baum, der ich selbst bin. Der so stark, stabil + kräftig ist. Ich gebe mich dem Göttlichen voll Vertrauen hin. Der Baum befindet sich in einer ganz hellen Umrandung, es ist wunderbar anzusehen.

★★★

Reinigung – auch als Poliertuch, auch für das Selbstbewusstsein verwenden. Ausstrecken der Arme, eine wohltuende göttliche Dusche empfangend.

★★★

Ich bin göttliche AUSFÜHRUNG, mit allen Begleiterscheinungen. Ich fühle mich wie aus der tiefen Schlucht nach oben katapultiert – hinaufgeflogen, hinaufgehoben! Dank sei Gott, dem Herrn.

★★★

Es scheint, als würde eine Kugel aus meinen Herzen kommen – ich bin im Freien, beim Kreisverkehr Nestelbach – sehe Richtung St. Marein. Nehme diese Kugel und kicke sie weg – sie ist groß geworden und dann zerplatzt sie und löst sich in eine Rauchwolke oder Staubwolke auf. Ich bin verblüfft! Eine schwierige Angelegenheit wird sich so wie diese Rauchwolke auflösen.

★★★

Sehe ein kleines Mädchen mit Sommersprossen und lockigem Haar, sie steht vor mir, sie sieht zu mir bewundernd und gleichzeitig fragend auf.

★★★

Bilde eine Pyramide, bin sofort an der Spitze der Pyramide, ich stehe an. Was ich als unangenehm empfinde. Christian ist auch bei mir, sein Kopf befindet sich ungefähr bei meiner Taille. Plötzlich beginnt sich die Pyramide zu füllen. Es ist, dass rein weiße und auch dunklere Wesen kommen. Die dunkleren Wesen werden etwas heller. Plötzlich öffnet sich die Pyramide, Christian + ich sausen hinaus, und sofort hängen sich die anderen Wesen an – alle, auch die nicht ganz hellen steigen mit hoch. Ich sehe eine Brücke, die fast wie eine Leiter hochgestellt ist. Teilweise „müssen" die Wesen den Boden berühren, um neuerlich Schwung zu bekommen. Danke für das Erleben!

★★★

Wieder eine riesige Pyramide. Hänge oben an der Spitze, alles, auch die Menschen sind hell. Bei dem Gedanken – Strahlen der Seele – nicken sie alle. Lichtstrahl für die Seele. Die Lichtstrahlen kommen von links und rechts oben in die Pyramide.

★★★

Urplötzlich ein starkes Vibrieren, rasend (noch harmlos ausgedrückt) schnell bildet sich eine Scheibe. Dann forme ich mich ebenfalls in rasender Geschwindigkeit zu einer Spirale, oh, und steige auf, wohin, ich weiß es nicht, so etwas habe ich auch noch nie erlebt.

★★★

Beklemmung – je nach Menschentyp wird diese ignoriert, einbetoniert, verscheucht oder nachgefragt – ohne Auflösung zuzulassen.

★★★

Der Motor dieses Getriebes bist du … für diese Weltenzeit. Langsam beginnt er anzulaufen, ganz langsam, noch Zeit, dich zu regenerieren.

★★★

Eines Tages sollte ich ganz plötzlich ein SMS an Christian senden, in dem ich ihm sagte, dass ich ihn sehr lieb habe. Am Abend wusste ich, weshalb es kein Mail, sondern ein SMS sein sollte: Er war unterwegs.

★★★

Das, was ich bei Aurora, Tätigkeit, Richtungsweiser, Erkenntnisse und Anima geschrieben habe, erfüllt mich mit einer tiefen unbeschreiblichen Gefühlswelle. Es ist schön, dies schreiben zu dürfen. Es waren Texte, die aus der göttlichen Schöpfung stammen und die ich nur hier wiederfinden kann.

Nichts erfüllte mich bisher mehr als diese fünf Worte und das Leben, das ihnen nun eingehaucht wurde. Vielleicht kann ich diese Vollkommenheit auch für alle übrigen Seiten erhalten. Die mir so viel Sicherheit und Selbstverständlichkeit und Freude vermitteln haben. Ich bin überzeugt, dass ich nun wirklich auf dem Weg – hin zu Gott bin. Wenn ich auch noch einige Stolpersteine zu überwinden haben werde.

Egal – es herrscht in mir Gelassenheit, Einigkeit und unbeschreibliche Sicherheit. Ich wusste bisher nicht, dass das Wort Sicherheit bei mir so eine hohe Schwingung der Liebe, des Selbstverständnisses und der Wahrheit vermittelt. Mich so stärkt. Alle Zweifel scheinen nun nicht mehr zu existieren. Möge dieser Zustand noch lange, lange anhalten. Dieses unbeschreiblich schöne Gefühl hatte ich schon vorhin, jedoch ohne dieses wundersame Hintergrundempfinden.

Auch wenn sich die irdischen Überlegungen nicht abstellen lassen, stehen doch diese Gefühle, Empfindungen im Vordergrund. Der Wunsch des wirklichen Nachfragens, Ergründens ist nicht vorhanden. Es schienen – oh, wie schön, das wird es wohl zu bedeuten haben – jegliche Zweifel, jeder Zwiespalt, jede Trennung zwischen dem Hier und Jetzt ihren Schrecken verloren zu haben. Einheit hat sich verfestigt, gefestigt. Ich verabschiede mich bei Gott Vater und sage Danke. Er, der Herr über Erde, Universum, allen Galaxien, Dimensionen oder wie viele Menschen das auch anders nennen möchten.

★★★★★

Wer schon mal diese innere Zufriedenheit, den inneren Frieden, diese Ausgeglichenheit und diese Freude erlebt hat, wird danach süchtig. Auch wenn es nicht jedes Mal in dieser Intensität spürbar ist, hat man doch diese Gewissheit, dass es diese Empfindungen gibt. Es ist ein erhebendes, stärkendes Gefühl.

Das Ziel ATREA, Teil 1

Was ist ATREA?

Atrea ist eine Zusammenfassung und Hilfe für Menschen, die sich einer Veränderung verschworen haben. Sich einem Weg der Weiterentwicklung hingeben möchten und auch bereit sind, eine große Anstrengung für die vielen Erkenntnisse auf sich zu nehmen. Auch bereit sind, „ANDERE" Wege zu gehen. Vielleicht ist es aber auch eine Zusammenfassung von vielen unzähligen Möglichkeiten, die brach vor uns liegen und lediglich aufgehoben werden möchten, damit sie sich mit UNS entfalten können. Ganz nach unseren Bedürfnissen, Erfordernissen und Ansprüchen. Es ist nicht immer leicht, sich auf andere als die bereits bekannten Wege zu begeben. Es ist nicht leicht, sich von Menschen zu trennen, von den althergebrachten Meinungen zu distanzieren. Es ist nicht leicht, in eine Unsicherheit hineinzugehen. Nur wenn du bereit bist, auch abseits von deinem gesicherten Weg, alles im Überblick haben zu wollen, abzuweichen, dann lies weiter. Dann bist du hier auf einem anderen, aber ebenfalls gesicherten Weg. Nämlich deinem Weg der Erkenntnisse und der Weiterentwicklung.

Erstelle dir zuerst einmal eine Checkliste,
eine Aufstellung, die zum Beispiel so lautet:

1.) Was will ich erreichen?

2.) Wozu bin ich bereit? Bin ich bereit,

a) auch Widrigkeiten auf mich zu nehmen?

b) auch Distanz zu Partnern, Freunden auf mich zu nehmen?

c) auch als Außenseiter oder sogar als Spinner bezeichnet zu werden?

d) auch Zeit zu investieren?

Zeit ist das größte und wohl auch wertvollste Geschenk, was wir uns machen können. Selbstachtung sollte weit mehr Gewicht haben als: Was denken die anderen Menschenwesen um mich herum? Welche Meinung haben sie nun von mir?

Manche Menschenwesen meinen, nur wenn sie ständig die Zeit verplanen, dann ernten sie Anerkennung. Sie sind heischend nach Aufmerksamkeit und Interesse. Weit verbreitet ist es auch, selbst die oft sehr knapp gewordene Freizeit noch mit Sport oder anderen Aktivitäten zu verplanen. Sie wissen gar nicht, wie schön es ist, mal NICHTS zu tun. Den Körper und die Seele baumeln, ruhen zu lassen. Welche höchste Erfüllung und Kraftreserven zum Vorschein gelangen, wenn ich mal „nur" „ICH BIN" bin. Meinem Inneren zuhöre. Erstaunlich, was es da zum Entdecken, zum Wahrnehmen gibt. Ich höre dich schon sagen: Da kommen so komische, abstrakte, absurde Gedanken, mit denen kann man doch nichts anfangen. Und ich sage dir: Das kann man wohl. Wenn ich dementsprechende Wertschätzung meinen mir „zugefallenen" Gedanken entgegenbringe. Indem ich sie aufschreibe, möglicherweise auch eine Skizze oder gar Zeichnung anfertige. Lerne, in dir auf Entdeckungsreise zu gehen! Unter Umständen kommt so gar eine Lösung oder zumindest ein Lösungsansatz zum Vorschein, wonach du schon lange gesucht hast, aber noch nie einen Ausweg gefunden hast. Häufig sind es nur kleine Dinge ohne große Wichtigkeit. Das sind dann diese, woran wird uns versuchen können, um unser Vertrauen zu uns selbst, zu unseren Ideen und Inspirationen zu stärken und so zu festigen, dass wir uns auch dann, wenn die Herausforderungen immer größer werden, mit Sicherheit unserem Selbst unumwunden und OHNE Zweifel hingeben.

Ich gebe hier nur Anregungen, Hinweise, wie es gemacht werden kann, ZEIGE den Weg. Den Weg zu GEHEN, ist deine Aufgabe, dein Entscheid.

Solltest du nun beim Lesen dieser Zeilen eine Idee, einen Gedanken haben, unterbrich sofort das Lesen und schreibe es auf! Auch dann, wenn es dir zu absurd oder unwichtig erscheint. Jetzt in diesem Moment beginnst du bereits, – DU – selbst zu sein. Auf dich zu hören. DICH WERTzuschätzen. Während ich diese Zeilen schreibe, geschah bei mir dasselbe. Erstaunlich, was? Es waren Informationen, die in meinen Privatbereich hineinspielten, deshalb auch keine näheren Angaben.

Versuche zum Beispiel, statt dich von andern Menschenwesen oder Medien berieseln zu lassen, mal nur in die Stille zu gehen. Ausprobieren!

Es wird immer wieder in dieselbe Kerbe geschlagen, der Partner, der Mitmensch mürbe gemacht. Welch wunderbare Opfer es doch gibt, die dies alles zulassen, mit sich geschehen lassen. Ja, sogar den Anschein erwecken, dass sie es brauchen, wünschen, danach lechzen. Welch bequeme Ausreden für die Verursacher. Siehst du wohl, wie gut es jetzt läuft, wieder läuft, man muss nur ein bisserl Dampf machen. Ein wenig nachlegen. Es geht ja richtig ruck, zuck, ohne Mühe, um ihn oder sie einfach wieder gleichzubiegen. Auf vielen Erfahrungen, Erzählungen von Betroffenen basierend ließe sich diese Liste bis ins Unendliche weiter aufzählen. Das eine oder andere Mal wird es wohl noch was zu berichten geben. Im Moment wollen wir uns davon distanzieren und zu unserem eigenen Wohlergehen zurückkehren.

Wie mache ich das? Ganz einfach – mich lieben, mich lieben, mich lieben ... mich so annehmen, wie ich bin, auch mit meinen Fehlern, Ecken und Kanten. Je mehr es mir gelingt, alle meine Fehler zu erkennen, sie annehmen und zu respektieren, umso leichter gelingt es mir, sie auch zu verringern oder sogar ganz und gar abzubauen und an neue, andere Ecken heranzugehen.

Und bedenke, liebe Leserin, lieber Leser, wenn du keine Ecken und Kanten mehr hast, alle deine Schwächen und Unzulänglichkeiten abgebaut hast, darfst du heimkehren in das Reich Gottes. Von dort, wo du gekommen bist. Um an anderen höheren Aufgaben weiter dich weiterzuentwickeln. Oder aber auch wieder in diese Welt, in dieses Reich, in diese Dimension zurückzukehren und dich neuen Aufgaben zu stellen. Hinwendung zum Göttlichen in dir erleichtert dein Wirken. Für dich und für andere. Selbstverständlich auch für die anderen. Oder glaubtet ihr, ihr seid nur für euch selbst zu Erde gekommen – weit gefehlt – weit gefehlt. Nur der Weg führt über uns, unsere Entwicklung, unser Wirken.

Unser Wirken erstreckt sich auf alle Teile der Welt, auch wenn ich nur hier in meiner Heimat bleibe. Meine Gedanken bewirken Tausende von Kilometern entfernt, dass sich dort das Licht ausbreiten kann und einer verirrten Seele geholfen werden kann. Auf welchem Weg auch immer. Es liegt nicht in unserer Macht, dies zu entscheiden, wie etwas zu geschehen hat. Ich kann es mit meinen liebevollen Gedanken visualisieren, aber niemals erzwingen. Weil ich niemals, gar nicht weiß, ob es dieser Mensch dann auch so wahrnehmen kann oder nicht. Gott weiß es – und er wird unsere Gedanken so transformieren, dass sie auch lichterfüllt in der richtigen Dosierung ankommen. Überdosierung hat zur Folge, dass der Mensch erschrickt, Angst bekommt und sogar vor dir, deinen Gedanken, deiner Hilfe Reißaus nimmt.

Versuche niemals, dich und oder deine Umwelt zu globalisieren, einzufächern, in einem Katalog zu fixieren. Wenn es so ist, hat das zu erfolgen ... oder ... oder ... lass ihm Zeit, sich seiner eigenen Entwicklung anzupassen, zu entfalten und zu entwickeln. Und wenn er still stehen möchte, dann soll er es auch tun. Kraftsammeln ist auch wichtig. Manches Mal erscheint einem Menschen eine Aufgabe so riesengroß, so übermächtig, dass er sich gar nicht heranwagen möchte.

Er möchte schon, aber er hat Angst. Da steht es uns zu, durch unsere eigene Stabilität und Zuversicht, Zuversicht und Mut zu vermitteln, ohne ihn zu bedrängen, zu bevormunden.

Das sind keine neuen Aspekte, die gab es schon immer. Sie wurden nur oft nicht verstanden. Viele Menschen fürchten sich, sie selbst zu sein. Sie fürchten, verspottet, belächelt zu werden, als abgedreht und nicht ganz richtig tickend bezeichnet zu werden. All das kann dir nichts anhaben, wenn du in deiner eigenen Mitte, in deiner Sicherheit, in deiner Stabilität, in deiner Selbsteinschätzung und in deinem Selbstwert ruhst. Es ist keine Frage deiner Überheblichkeit, deines Egos, es ist einfach nur das Bewusstsein, dass du ein Geschöpf auf der höchsten Ebene bist und du dich auch in deiner Verantwortung so fühlst. In der Eigenverantwortung und in der Verantwortung für diesen Lebensabschnitt, für das Diesseits.

Ich nehme dieses Geschenk dankbar an. Diese große, große Gnade. Danke dem höchsten aller Wesen, dem Göttlichen, meinem Schöpfer, dem Schöpfer der Welt, der Erde des Diesseits und des Jenseits. In tiefer Dankbarkeit und edlen Gefühlen begebe ich mich nun zur Ruhe.Wir unterliegen Änderungen + Veränderungen, so ist es auch in einem Jahr. Es können sich viele Weisheiten hinzugefügt haben. Dank sei Gott, dem Herrn. Wer möchte nicht auch auf Entdeckungsreisen gehen?

Ich auf jeden Fall – DU auch? Dann komm, wir gehen gemeinsam – so gibt es das gegenseitige Ergänzen, Vervollkommnen, Entdecken, Wiederbeleben. Du kannst auch stattdessen eine andere Formulierung verwenden, wie Bereitschaft, Hingabe, Erschließen. Oder schnell zu einem Mutanten mutieren. Tempel deiner selbst sein. Oder ein Notstromaggregat sein. Du kannst die Pforte öffnen – ATREA öffnet die Pforten der göttlichen Liebe, der uneingeschränkten Liebe ohne Vorschriften, ohne, ohne, ohne.

Wir brauchen jedoch auch mal die Dunkelheit der NACHT, um uns auszuruhen, besser in die Phase der Stille eintauchen zu können. Diese ERHOLUNGSPHASEN benötigen wir, um etwas Abstand vom IRDISCHEN Getriebe zu bekommen. Dadurch ist es möglich, auch die Stille in uns zu erzeugen. Damit stellen wir uns leichter auf Empfang ein – zumindest am Anfang unseres Weges.

Ich arbeite an mir, ich begreife mich, ja ich ENTDECKE mich. Auch wenn es scheinbar nicht immer so etwas Empfehlenswertes oder Erstrebenswertes ist. ABER was darin entsteht, verborgen ist – ja, das ist wunderbar – die erkennende WEISHEIT, einfach phantastisch, einfach erlebenswert, diese erkennende WAHRHEIT. Jeder, mit dieser Arbeit neue Perspektiven hat, sie für sich zu eröffnen fähig ist. Wie JETZT, in diesem Moment, bei mir. Im ersten Augenblick ist es wohl nicht immer wahrnehmbar, erkennbar, was uns damit gesagt werden möchte.

Vielleicht ernte ich, gerate ich auch mit meinen Aussagen, Erkenntnissen wieder ins Kreuzfeuer der Kritik. Natürlich ist das nicht immer die angenehmste Variante, wie man Aufmerksamkeit erreichen möchte, dennoch sehe ich es als meine Aufgabe, als eine Herausforderung, an die Öffentlichkeit zu gehen.

Bedeutung der einzelnen Buchstaben und Worte

Ich versuche mit den einzelnen Worten von ATREA so präzise wie möglich zu sein und dennoch jede Form der Beeinflussung zu vermeiden. Damit deine Entwicklung sich vollständig zu entfalten vermag.

A **Aufbruch, Auftrag, Anregung, Aktivität, Aufgabe**

Aufbruch :: Die Stimmung, den Impuls für einen Aufbruch wahrnehmen und erkennen, was darin alles enthalten ist. Also der Start in eine andere – unsere Wirklichkeit. Es sei denn, wir machen uns von anderen Menschen, deren Einstellungen und Meinungen abhängig. Verändern heißt ordnen, ordnen heißt, sich auf das Wesentliche konzentrieren, einstellen und der Veränderung in uns und mit uns zuzustimmen. Zur Neueröffnung unserer Entwicklung in die höheren Sphären dankbar und hoffnungsfroh JA zu sagen. Sich frei zu machen. Sich zu eröffnen.

Auftrag :: Erkennen des Auftrags, Erkennen der Bestimmung, unserer Bestimmung, die wir uns selbst aus dem Universum in Absprache mit Gott erwählten und hierher mitgebracht haben. Wenn ich mich geflissentlich von den alten Denk- und Verhaltensmustern distanziere, bin ich bereit für das NEUE. Die Absicht zählt und hält uns auch für die Erfüllung des Auftrages bereit. Die Bereitschaft bereichert mich. Lässt mich über mich hinauswachsen und fördert meine intuitive Kommunikation mit mir und dem Göttlichen in mir.

Anregung :: Anregungen holen: Wie man was wann umsetzen könnte, sollte. Die Anregungen, die auf uns zukommen, die wir benötigen, fröhlich und selbstbewusst, gestärkt durch unser Selbstwertgefühl anzugehen. Bereichert durch unsere Erlebnisse, Erfahrungen, die wir tief in uns finden. Nicht das Erlernte hilft uns dabei, sondern das, was wir Intuition, Führung nennen. Durch unsere Absichtserklärung ziehen wir Hinweise, Anzeichen, Winke, Fingerzeige, Anleitungen, Enthüllungen, Erkenntnisse und Botschaften an.

Aktivität :: Nach all diesen Informationen stellen wir uns den Anforderungen, Anweisungen und Aufforderungen mit Freude und voller Zuversicht. Geben die Zustimmung, aktiv zu werden. Kerngesund und voller Vitalität und Freude sich der Aktivität hingeben. Ermuntert durch unsere eigene Antriebskraft, starten wir durch. Erst Aktivität, ob mit Erfolg oder ohne, ist der Grund, die Basis, deinen Stein ins Rollen zu bringen. Ohne Aktion geht nichts. Es sprudelt nur so aus dir hervor. Ein Abenteuer ist es.

Aufgabe :: Mit Freude die Aufgabe erkennen und annehmen sowie die Bereitschaft, sie auch zu erfüllen. Wir beabsichtigen, uns zu verändern. Jede Veränderung zuzulassen. Der Zweck heiligt die Mittel, die wir für die Erfüllung unseres eigenen SEINS benötigen. Als Herausforderung und nicht als Problem betrachten. So können wir uns auch scheinbare Fehler erlauben.

Transformation, Tatkraft, Transzendenz

Transformation :: Die Transformation wird erst dann notwendig, ist erst dann erforderlich, wenn ich mein ALTES Tun ablege und in NEUES Tun umwandle. Frühere Erlebnisse, Denk- und Verhaltensabläufe modifiziere. Von mir gewünscht wird, grundlegende Einstellungen und Meinungen verändern zu wollen. Veränderung/Wechsel/Mutation. Es ist zweckmäßig, einen NEUSTART zu wagen. Ohne Befürchtungen, die „Realität" zu verlieren.

Tatkraft :: Bereitschaft, auch mit Anstrengungen konfrontiert zu werden. Gesetzmäßigkeiten als Realität und Grundvoraussetzung zu verstehen. Passivität ist in dieser Phase nur dann notwendig, wenn man sich ausgepowert und erschöpft fühlt. Das kompensieren wir mit einer Meditation. In der Stille liegt die Kraft der geistig-seelischen Sammlung. Traurigkeit ist der Weg zur Freude. Die Wirksamkeit unseres Tuns liegt in unserer eigenen Betrachtungsweise und unseren eigenen Möglichkeiten. Das Tun, die Tatkraft, den Auftrag in unser Leben zu integrieren. Das Selbstvertrauen und die Selbstliebe unterstützt jedes Handeln, jede auch noch so unscheinbare Aktion. Die Bestätigung erhalten wir meist spontan. Sie ist darin zu erkennen, dass wir FREUDE und DANKBARKEIT empfinden. Es liegt NICHT in der Bewertung, ob wir damit Großes, Wertvolles oder Wichtiges erreicht haben. Die Wertschätzung des Tuns, der Tatkraft ist wichtig. Meist erkennen wir den wirklichen Wert erst viel, viel später.

Transzendenz :: Durch die Transformation die neu erworbene Wirklichkeit zur Transzendenz werden zu lassen. Alle unsere neuen Handlungen werden von den Erkenntnissen gesteuert. Unsere aufrichtigen Bemühungen erfahren nun die Wirksamkeit, die wir schon so lange ersehnten. Alle Tätigkeiten erfahren nun auch die Bestätigung unserer

Persönlichkeit, unserer Wirkung auf uns und unsere Mitmenschen, auf unsere engere Umgebung und auf das gesamte Weltgeschehen. Unsere Funktion wird einen wertvollen Beitrag zur Hingabe an Gott und sein göttliches Wesen bewirken. Jedes Menschenwesen trägt das Göttliche in sich. Es ist möglich, dass wir es nicht immer gleich fühlen können. Das Transzendente in einem Menschenwesen zu sehen bedarf aufmerksamer Betrachtung. Beginnen wir jedoch stets vorerst bei uns selbst. So bringen wir für uns noch mehr Wirkungsmöglichkeiten hervor. Eine Taktik, eine Vorgehensweise, die erfolgversprechend ist.

Transzendenz kommt aus dem Lateinischen und bedeutet Überschreiten. Auch das Hinüberschreiten in einen Bereich des uneingeschränkten Denkens. Kant beschrieb es: „Ich nenne alle Erkenntnis transzendental..." Wir sehen darin die Möglichkeit, alles zu begreifen. Auch dann zu begreifen, wenn der Verstand uns das Begreifen, Verstehen erschwert. Wir begreifen es mit unserem Herzen, mit unserer Intuition. Und wir nennen es ab sofort Realität. Da die Realität zur Realität allen Seins geworden ist. Sie verschmelzen in eine Realität aus dem Irdischen und dem noch teilweise Unbekannten. Wir können jede Wahrnehmung zur Realität werden lassen, sobald wir das uneingeschränkte Vertrauen zu uns selbst erreicht haben. Keine noch so eigentümliche Verwendung von Wörtern, Begriffen wird uns von unserer Wirklichkeit abbringen können. Es bestimmt mich und es erhellt mich und meine transzendentale Wahrnehmung in einer Weise, die gar keiner weiteren Erklärung bedarf. Weil ich sie respektiere und erlebe und fortan lebe. Es gibt keinen Zweifel mehr an meinem Sein, der Realität meiner Handlungen und Entscheidungen.

Es beginnt eine neue Ära. Eine Ära der Vollständigkeit. Eine Ära der Vervollständigung. Eine Ära der Vollkommenheit. Der Einheit. Ohne meine Zwangsjacke der Einschränkungen gehe ich frohgemut und zuverlässig den Weg der Entwicklung, der Weiterentwicklung. Auch dann, wenn viele Widerstände dies zu verhindern versuchen. Das Jenseitige ist ebenso Realität wie das Diesseitige. Es unterscheidet sich nicht. Diese Transzendenz ist unabhängig von Religionen, Dogmen und Lehren, sondern hat ihren Ursprung und ihre Weisheit ganz alleine in unserem Seinsverhalten.

Reinigung, Recht, Realität, Raum

Reinigung :: Die Reinigung von Unzulänglichkeiten und scheinbarem Versagen, Fehlern und Irrtümern. Die Reinigung erfolgt durch mich selbst, mit Hilfe und Unterstützung aus dem Universum, aus der göttlichen Existenz in mir. Vereinbarungen können in vielerlei Hinsicht getroffen werden, wie zum Beispiel die tägliche Reinigung, sowohl die körperliche als auch die spirituelle, die unbedingt erforderlich, notwendig ist, erfolgen kann und soll. OHNE Zwang und Fanatismus!

Recht :: Ich/wir besitzen das Recht, uns so zu entwickeln, wie es für mich/uns angemessen ist, ohne mich/uns zu über- noch zu unterfordern und ebenso auch nicht unsere Mit-Wesen, die sich auf dem geistigen Weg befinden. Das Recht, so zu sein, wie ich bin. Ich erhebe den Anspruch, ich selbst zu sein. Recht handeln. Mir und allen Menschenwesen Recht zugestehen ist das Vorrecht jedes Einzelnen. Ob es unserem Rechtsempfinden entspricht oder nicht. Recht hat auch mit Gerechtigkeit zu tun.

Frieden in sich herzustellen, das Recht, die Berechtigung. Du hast das Recht, das Recht für dich in Anspruch zu nehmen auf allen Linien. Das Schwierigste ist das Seelische, das Wohlbefinden herzustellen, Frieden. Alles so zu gestalten, wie es möglichst angenehmen ist. In einer Phase des Wohlbefindens, des Friedens und der Freude ist man immer extrem leistungsfähig.

Sowohl körperlich als auch seelisch man ist belastbar. Dann ist ein Ärger, der einen sonst hinunterzieht, kein Ärger mehr, er verflüchtigt sich in kurzer, überschaubarer Zeit. Diesen Ärger empfinden wir nicht mehr als Problem, sondern lediglich als Herausforderung. Und diese Herausforderung nehmen wir ohnehin gerne an, da wir uns dadurch beweisen dürfen. Man hat das Recht, ein glückliches Leben zu führen. Ein Leben mit Wohlbefinden, ein Leben in Frieden. Recht hat auch immer mit Gerechtigkeit zu tun. Nimm dir das Recht, dass du dich von „Fehlern" und/oder Belastungen befreien kannst. Wohlbefinden verhilft zur Gelassenheit. Es ist hilfreich, eine sogenannte Fehler- oder Mängelliste zu erstellen. Danach betrachte diese als völlig neutraler Beobachter. Als neutraler Beobachter werden diese Fehler oder Mängel nicht mehr also solche erkannt, lediglich ergeben sich daraus Hinweise und sogar Erkenntnisse, dass man bereits schon darüber steht. Der neutrale Beobachter hat es leicht, sich nicht als Ungläubiger zu outen, sondern als Weiser in seinen Erkenntnissen.

Realität :: Nun erkennen wird die neue Realität, die geprägt ist von Hingabe, Bereitschaft und Erfüllung. Unserem Erfindungsgeist, unserer Gestaltungs- und Vorstellungskraft stehen alle Wege zur Verfügung und lassen die Wirkungsweise auf die Realität enorm steigern. Die Innenschau verbreitert unseren Horizont, unsere Betrachtungsweise.

Realität – neue Realität in dir geschaffen … die aus vielen, vielen Dingen zusammengesetzt ist – aus dem Aufbruch, der Tatkraft, der Transzendenz, der Reinigung, aus dem Recht, der Ehrlichkeit und der Vergebung. Realität ist die innere Hingabe zu sich selbst – diese unbeschreibliche Freude … es gibt keine Wünsche mehr, es gibt keine Sehnsüchte mehr … Es ist alles Erfüllung – Ergänzung. Alles wird freier … zur Automatik, Dinge zu tun … ohne zu denken. Schmerzen merken wir erst dann, wenn sie da sind, und es wird uns erst jetzt bewusst, wie wunderbar es uns zuvor gegangen ist. Das ist die neue Realität, die uns erst in diesem Moment zum Umdenken und auch zum Handeln mit dem göttlichen Bewusstsein veranlasst.

Raum :: Wir tauchen nun in unser Zuhause, in unseren Raum der Stille, des Schweigens ein. Lediglich das Wahrnehmen unserer göttlichen Intuition, Führung, Inspiration und bildhaften Vorstellungen ist uns bewusst. Gedanken und Geistesblitze, die aus dem Inneren stammen, ergänzen noch unser Schweigen und unsere Wahrnehmung in aller Deutlichkeit. Lichterfüllt wird unser ZUHAUSE, unser RAUM sein und mit Geborgensein, Umhüllt- und Eingehülltsein uns stärken, festigen. So abgeschirmt und in Sicherheit ist alles, was uns sonst noch erreicht, auch weit leichter abzuwehren, ihm entgegenzuwirken.

E Entwicklung, Echtheit, Einheit, Eingebung, Erlösung

Entwicklung :: ...heißt die Entstehung von Neuem. Die Entfaltung, die Erweiterung, den Fortschritt begrüßen. Die Ausbildung meiner wahren Bildung. Den Hang zu Wahrheitsfindung und Wahrhaftwerdung und Wachstum meines Wesens. Aufhebung des Stillstands, der Stagnation oder sogar des Rückschritts. Vermeidung von Zweifeln und Ängsten. Stärkung des Verantwortungsbewusstseins. Ermutigung zur Weiterentwicklung, die zwangsläufig zur Erlösung, Auflösung von Hemmnissen und Barrieren führt. Es gibt nur eine Wahrheit, und das ist die göttliche Wahrheit in mir!

Freude über die Entwicklung. Ernsthafter, noch ernsthafter nehme ich in Zukunft alle intuitiven Gedanken – alles Zugefallene noch bewusster wahr. Hier ist deine Aktion notwendig, aufschreiben. Immer wieder das Aufgeschriebene lesen und auf die Intuition achten. Den Entwicklungsstatus dokumentieren.

Echtheit :: ...ist WAHRHAFTIGKEIT – ist Natürlichkeit und Kostbarkeit zugleich. Diese zu leben, ist eine enorme Herausforderung. Jede Lüge, jede Unwahrheit – auch eine sogenannte Notlüge – ist eine Lüge. Es gibt gar keinen Grund, die Unwahrheit zu sagen. Auch dann nicht, wenn man sich vorgaukelt, mit dieser Unwahrheit den anderen nicht zu kränken oder verletzen zu wollen. Es ist und bleibt immer eine Lüge. Echtheit bedeutet KEINE Fälschung zu sein. Und wer möchte schon eine Fälschung sein? Wer möchte schon belogen werden? Auch dann, wenn es wirklich schmerzhaft, quälend ist. Irgendwann kommt die Wahrheit doch an den Tag, und wie furchtbar peinigend ist es dann? Wer möchte das erleben? Ich nicht! Und DU?

Leitsatz soll sein: Du nimmst dich als Echtheit wahr – du bist kein Massenmensch, sondern ein Unikat, eine Persönlichkeit. Wahrheit und Wahrhaftigkeit lassen sich besser leben, auch auf die Gefahr hin, Ablehnung zu erfahren. Auch bei unangenehmen Fragen brauchen wir keine Notlüge. Mein Respekt vor dem anderen Wesen verbietet mir, eine Notlüge zu verwenden. Die Wahrheit walten zu lassen und einfach sagen, ich möchte darüber nicht sprechen. Dieser respektvolle Umgang wird keine Gekränktheit auslösen, sondern im umgekehrten Sinn uns Hochachtung einbringen. Meine Wahrheit und Wahrhaftigkeit haben immer das Wertvolle in meinem Gesprächspartner hervorgehoben.

Einheit :: ...ist Ganzheit. Ich bin mir EINS. Mit mir und mit dem Göttlichen in mir. Einheit bedeutet, verschmolzen zu sein, in Einklang und Übereinstimmung mit meinen Aufgaben, Erkenntnissen und Wahrnehmungen zu sein. In Harmonie verbunden zu sein mit mir und mit meiner Dualität als Erdenwesen. Ohne Trennung vom Göttlichen und dem Weltlichen. Das Irdische und das Universelle bilden eine Einheit. In meiner Vielfalt gebe ich auch immer die Zustimmung zur Weiterentwicklung.

Eingebung :: Ich bin die Eingebung – ich beachte sie – ich lebe sie, voll Vertrauen und mit unglaublicher Sicherheit. Sie lässt keine Zweifel oder Bedenken zu. Ich vertraue MIR – meiner Intuition, meiner inneren Führung, meinem gesamten göttlichen Sein. Nur mit und durch dieses Vertrauen bin ich GANZ und VOLLSTÄNDIG. Mit dieser Sicherheit erledige ich meine täglichen Aufgaben, auch dann, wenn mein Kopf dagegen rebelliert, mir etwas anderes vorschreibt. Ein Versuch bringt mir die Überzeugung, dass ich mir vertrauen, an mich glauben kann. Mein Selbstvertrauen wird gestärkt und gefestigt, je öfter ich dies versuche. Meine inbrünstige, unverwechselbare, ja blinde, uneingeschränkte Sicherheit, Überzeugung und SELBSTVERTRAUEN stützen mich in all meinen Vorhaben und Plänen. Jedes Mal wird es leichter. Mit kleinen – alltäglichen – Dingen beginnen!

Erlösung :: Ablegen des Vergangenen. Beseitigung der alten Zwangsjacke des Denkens. Befreiung von selbst auferlegter, erzwungener Erwartungshaltung. Entwöhnung von Süchten, wie Anerkennung durch andere Menschen, Begierde nach Macht, Sucht, andere Menschen zu beherrschen und ihnen den eigenen Willen aufzuzwängen, Vernachlässigung der Aufgaben durch Trägheit, Erfüllung von bestimmten Wunschvorstellungen, weiters Sucht nach Zuwendung, Aufmerksamkeit und Bestätigung, Gefallsucht, Spielsucht, Kaufsucht, Arbeitssucht, auch das Helfersyndrom und Selbstverleugnung … eben alle Abhängigkeiten, also alle, die ein übertriebenes Verhaltensmuster implizieren und zur Folge haben.

Männer und Frauen sind gleichermaßen an dieser Entwicklung beteiligt. Wir Frauen, weil wir vor lauter Helfersyndrom, für die Familie, den Partner, den Beruf da zu sein, immer auf uns vergessen. Männer, die entweder Karriere machen und/oder in dieses Schema von den Eltern oder der eigenen Familie hineingedrängt werden. Männer, die von dem Gedanken beseelt sind, ihrer Familie, ihren Kindern möglichst viel bieten zu wollen, und ebenfalls nur dieser Aufgabe/Pflicht nachkommen. Ich möchte ausdrücklich betonen, dass diese Darstellung nicht auf alle Männer und Frauen zutrifft. Es gibt auch andere, die sich selbst nicht lieben, jedoch vom anderen ständig Liebe und Aufmerksamkeit fordern. Auch unglückliche Menschen, die mit sich und der Welt nicht wirklich etwas anzufangen wissen. Ihre Aufgaben, ihre Lebensaufgaben gar nicht erkannt haben. Sie gar nicht sehen wollen. Ihre Aufgabe darin sehen, zu fordern. Ohne Rücksicht, ohne Verständnis, ohne ACHTUNG. Ja, sie glauben sogar, nein, sie sind davon überzeugt, dass alle anderen das Gnadenbrot nur durch sie verdienen. Auch jetzt noch – obwohl es keine Sklaverei mehr gibt. Es gibt sie noch viel, viel öfter, als man annehmen möchte. Nur der Verlauf, die Handhabung wurden legalisiert. Die Achtung und der Respekt für den anderen, das Individuum sind dermaßen gesunken, dass man es nur als erschreckend bezeichnen kann.

Ich lasse mich nicht entmutigen und mich auch nicht von meinen eigenen Vorstellungen, Wünschen, Empfindungen manipulieren. Das Thema Manipulation von außen und die Befreiung aus dieser Umklammerung von eigenen Wünschen und Sehn-Süchten nennt man Erlösung.

Erlösung von den Süchten, nicht nur von der Alkohol- oder der Nikotinsucht, sondern aus der seelischen Erwartungshaltung nach Harmonie. Erleichtere dir, aus den Süchten zur Erlösung zu kommen, indem du dir deiner Wertschätzung bewusst bist.

Authentizität, Anknüpfung, Ankunft, Auflösung

Authentizität :: ...beinhaltet Glaubhaftigkeit, Glaubwürdigkeit, Echtheit, Natürlichkeit, Rechtschaffenheit, Aufrichtigkeit, Zuverlässigkeit, Stimmigkeit. Jede Handlung ist auf einem fundamentalen Boden aufbereitet. Die Erscheinung wird durch die Sicherheit im gelungenen Auftritt sowohl verbal als auch nonverbal unterstrichen und ankert in der Stabilität, auch bei schwierigen Situationen und größten emotionalen Anforderungen. Als wahrhafter, echter Repräsentant seiner inneren Wirklichkeit, Überzeugung auftreten. Das Selbstwertgefühl ist in seinem Ursprung natürlich. Die Persönlichkeit strahlt Optimismus und Kompetenz aus. Ein Mangel an Selbstwertgefühl und Selbstvertrauen würde die Authentizität zunichte machen. Authentizität verabscheut Fremdbestimmtheit, lehnt sie strikt ab. Steht in keinem Verhältnis zu uns.

Anknüpfung ::...an meine neuen Erkenntnisse und Weisheiten. Verbindung von Liebe und Lebensaufgabe. Selbstbestimmung mit Achtsamkeit und Geduld. Anknüpfung an das Zukünftige, die göttliche, universelle Weisheit. Das Geschehen in uns mit unserem täglichen Leben, dem Hier und Jetzt verknüpfen. Anknüpfen. So kann ich mich immer ganz und vollständig fühlen. Bedarf keiner anderen Anknüpfung an irgendwelche gut gemeinten Rat-„Schläge". Die Anknüpfung ist wesentlich mit unserer inneren, göttlichen Entwicklung verbunden. Ohne Einseitigkeit – wir erschaffen in uns durch diese Anknüpfung die Kraft und die Beständigkeit, den Segen und die Verwirklichung.

Ankunft :: ...in meiner neuen Wirklichkeit. Begleitet durch die vielen Neuerungen, Vermehrung von Erkenntnissen, Wahrheiten, Veränderungen, Fortschritten, Verfeinerung, Veredlung, Erleichterung. Wegbereitung zur Erleuchtung und Vervollkommnung. Die Ankunft in der neu entdeckten Wirklichkeit erweitert unsere Persönlichkeit und lässt sie in sich entstehen. Ankunft – ist Freude, endlich am Ziel zu sein, das erreicht zu haben wo wir uns hingewünscht haben, an den Ursprung zurückzukehren – zu Hause zu sein.

Auflösung :: Wendung, Herbeiführung und Zustimmung zur endgültigen, vollkommenen Einheit mit dem Göttlichen. Entledigung des abstrakten Denkens und Handelns. NUR MEHR EINHEIT! Ausstrahlung von Schönheit und Vollkommenheit. Erkennen meiner eigenen Entwicklung, Glückseligkeit, in mir selbst zu ruhen. Unbeschwertheit. Leichtigkeit. Durch unsere Ausstrahlung anderen Menschenwesen Mut vermitteln, die derselben Zielrichtung zu folgen bereit sind.

Würdigung der Entwicklung jedes einzelnen Wesens. Die Fähigkeit, ein selbstbestimmendes Leben zu LEBEN.

ICH BIN DIE QUELLE ALLEN SEINS.
Sehnsucht, Liebe, Entfaltung und AUFLÖSUNG.
Geradlinigkeit, Mut, Offenheit.
AKZEPTANZ und AUFLÖSUNG
KÖRPER, GEIST und SEELE.

Auflösung ist das Herbeiführen, das Zulassen sämtlicher Umstände und Zustände. Auflösung ist, vor dem Himmelstor zu sein, Wendungen in sich zu erleben, Neuorientierung aus dem Inneren aufzeigen zu lassen, Ballast gehen zu lassen.

Exkurs: intuitive Eingebungen

Ich bin das göttliche Licht, die Dankbarkeit und der Segen. Ich bin Liebe und Licht. Dankbarkeit und Freude. Seinswerdung und Glückseligkeit. Dankbarkeit und Freude.

Es ist ein wunderbares Gefühl, von dir geliebt zu werden, deine Aufträge erfüllen zu dürfen und sich bewähren zu dürfen. Ich danke dem göttlichen Licht und der Liebe.

Es ist nicht ganz so einfach, wie man sich das vorstellen mag. Dank sei Gott, dem Herrn. Dank sei Gott, dem Herrn. Sei dir deines Auftrages, deiner Sendung bewusst und sei auch dankbar für die segensreichen Fügungen.

Es mag segensreich sein, doch deine Arbeit macht dir niemand, nimmt dir niemand ab. Sage JA, und es wird geholfen. Sage JA, und es wird geschehen.

Jetzt fällt mir zu, dass wir die Aufgabe haben, Unrecht und Ungerechtigkeiten und Falschheiten und Lügen entgegenzuwirken. Dank sei Gott, dem Herrn. Dank sei Gott, dem Herrn.

> Auf dem Weg bist.
> Achterbahn mit seinen Gefühlen gefahren ist. Selbstschutz.
> Ein Opfer seiner selbst wurde…

Es begründet sich alles auf eigenen Erfahrungen – Erklärungen und Hilfestellungen gibt es immer, wenn man es möchte, oder auch manches Mal, wenn man es nicht möchte, doch der richtige Zeitpunkt gekommen ist.

Es ist ein Gefühlskarussell, ein ganz wunderbares. Es ist so einmalig, so erhebend, so freudig, ich kann es nicht in Worte fassen. Ich glaube auch nicht, dass es irgendjemand in Worte fassen könnte, wenn er dieselben beglückenden Gefühle empfinden dürfte. Es ist berührend! Unaussprechlich!

Hast DU mitgeschrieben, wie oft du AHA-Erlebnisse hattest? Hurra, so viele … dann hat dieses Buch seinen Zweck erfüllt. Danke für deine Mitwirkung am Geschehen Gottes. An der Erfüllung deiner, unserer Aufgaben. Hinüberreichen in die andere Dimension. Das Bewusstsein für unsere Wichtigkeit dadurch stärktest.

Bereitschaftsbekundung abgegeben. Mit Nachdrücklichkeit! Hat es dir so gefallen? Ich/du, jeder sollte diese Stufen einfach durchlaufen … es erleichtert den Aufstieg! Alles wird noch spannend, wirklich spannend für dich.

Es gab viele Menschen, denen ich zwar Empfehlungen gab, die aber nicht zum richtigen Zeitpunkt ankamen. Nach Jahren war es dann so weit, welch eine Freude auf beiden Seiten! Erfolgreiche Umsetzung! Wunderbar.

Natürlich gab und gibt es auch einige Menschenwesen, die zuerst bei mir waren und sich dann abgewandt haben. Um sich einem ANDEREN „Führer“, „Wegbegleiter“ zuzuwenden. Selbstverständlich ist das auch o.k., wenn es auch manches Mal für mich schmerzlich war. Da ich fast immer eine enge Verbundenheit zu diesen Wesen aufgebaut hatte.

★★★★★

Qualvolle Gedanken und Gefühle, was ist das? Mir vollkommen unbekannt, unvorstellbar – irreal in diesem Zustand der tiefen, tiefen Freude und Dankbarkeit.

Mein Gott ich bitte dich, gib diesen inneren Frieden, diese Dankbarkeit, dieses wunderbare Gefühl auch anderen Menschen. Vor allem jenen, die sich in einer schlimmen, vielleicht auch aussichtslosen Situation befinden. Bitte, bitte hilf ihnen. Lass sie auch an dieser innigen Verbindung zu dir teilhaben. So, wie du sie mir in diesem Moment schenkst. Wie viel Leid, Aussichtslosigkeit, Verzweiflung könnte damit aufgehoben, aufgelöst werden. Oh Gott, schenke uns allen – die an dich glauben, dir vertrauen, dieses Vertrauen in dich, in deine Allmacht – Omnipotenz = Allmacht – die keine Grenzen, keine Begrenzungen kennen. In diesem Moment getraue ich mich kaum, mich zu bewegen, da ich nichts, aber schon gar nichts von diesem bewegenden Momenten versäumen, verlieren möchte. Ich habe aber doch den Mut, ja sogar das innere Bedürfnis, den inneren Drang, dies sofort in den PC zu schreiben. Derzeit fühle ich aber auch die Beschränktheit der so wunderbaren deutschen Sprache, dass es dafür keine Worte gibt – es gibt nur dieses Gefühl – BEWUSSTSEIN – dass es dich gibt, in mir gibt. Diese Gnade, diesen Segen auskostend, aufsaugend erfüllend … Die Sehnsucht, das Verlangen, allen Menschen, wirklich ALLEN Menschen dies übermitteln zu dürfen, wird von Sekunde zu Sekunde intensiver, drängender. Vermeintliches Missachten kann mich derzeit überhaupt nicht erreichen … Alles, was ich jetzt schreibe – ist nur Intuition – ohne jegliches gedachte Wort.
Du bist ein Springinsfeld – möchtest alles gleich haben, verbreiten, ohne auf die Gefühle deiner Leserinnen und Leser Rücksicht zu nehmen. Ich kann nicht anders – meine Sehnsucht, der ganzen Welt – ALLEN Menschen deine Gnade zu vermitteln, ist unbeschreiblich. Unaufhaltsam strömt es in mir und aus mir heraus.

So stelle ich mir den Wechsel von Hier und Jetzt in das Dorthin – zum Ursprung vor. So beglückend, himmlisch, beseelend, verzaubernd … nach Erfüllung und Bewährung unserer Lebensaufgaben, bestandenen Herausforderungen … ja, es ist VOLLBRACHT.

Trotz Schreiben eines unangenehmen Mails bleibe ich in dieser Schwingung. Dann kam noch ein Telefonat mit meinem Sohn dazu – diese wunderbare Schwingung bleibt – wie wunderschön, einfach phantastisch, enorm, großartig. Dankbarkeit erfüllt mich wieder, denn ich bin überzeugt, dass ich dieses herrliche, tiefe Gefühl der Glückseligkeit meinem Sohn und auch in das Mail einfließen lassen konnte.

★★★★★

Einer Veröffentlichung steht nichts im Wege. Fleißig daran arbeiten, mit Hingebung, Demut und Dankbarkeit. JA – das ist für mich selbstverständlich. Ich kann ohnehin mein Buch nicht aus meinem realen Geist heraus schreiben. Es bedarf immer der göttlichen Fügung und Führung.

Ich bin das göttliche Licht und der göttliche Segen, die Dankbarkeit und Freude.

Es ist plötzlich auch für mich nichts mehr so wichtig – dieses wunderbare Gefühl auskostend … genießend … schwelgend …

Wie viele Menschen lechzen, dürsten nach Liebe, sehnen sich nach Freude … oh Gott, schenke uns diese überreichliche Gnade …

Hörst du, was ich sage – können sie, die Menschen es überhaupt vernehmen, wahrnehmen, was damit in Schwingung, in Bewegung gebracht werden kann.

Weiter darf ich in dieser wundervollen Schwingung verbleiben. Immer wieder startet ein neuerliches Vereintsein mit den göttlichen Wahrheiten und Wahrnehmungen. Harmonisierung der Gesamtheit meines Seines mit allem Menschlichen, Irdischen und Göttlichen. Ein Allumfassendes mit allen göttlichen Wesen hier und dort und überall. Kommt, alle Verbündete, und schwingt mit mir himmelan.

Was ist das Göttliche in mir, das mich diese Dinge tun lässt, die Wahrheiten und Weisheiten weiter verbreiten lässt? Es ist die Antwort auf meine Gebete für mich und alle Wesen, die deiner bedürfen, gewillt sind, in dir zu ruhen, sich zu stärken und dann zu leben. Erlebnisbereitschaft zeigen, beweisen, präsentieren. Enthüllungen mit Aufmerksamkeit lauschen. Offen kundzutun. In vielerlei Hinsicht zu leben, anderen sichtbar zu machen. Ebenso, wie ich es nun tue, auch andere Wesen darauf aufmerksam zu machen, hinzuweisen, zu verkünden. Immatrikuliere = schreibe dich ein, in dieser Aufgabe aufzugehen, dich zu vervollkommnen.

Wer möchte nicht aus dem Füllhorn des Göttlichen, der Liebe, des Verständnisses, der Freude und dem Glücksgefühl schöpfen und sehnt sich nicht danach, es möge niemals versiegen? Sicher jeder von uns. ICH auch.

★★★★★

Oh Gott Vater, Gott Sohn und Heiliger Geist, ich danke für die Unterstützung, für diesen Beistand, für das An-die-Hand-Nehmen und für die Mitwirkung, ohne die ich es aus eigener Kraft wohl nicht geschafft hätte.

Dieses wunderbare, unbeschreibliche Gefühl in dieser Intensität kann man selbst auch bei größter Mühewaltung nicht erzeugen, auch nicht mit Wünschen und Sehnen.

Seid nicht enttäuscht, wenn zwischendurch auch „ganz weltliche“ Informationen kommen. Es ist wichtig, da wir hier sind und auch diese Informationen dringend benötigen. Also, bitte lasst es uneingeschränkt, ohne Vorbehalte, ohne Zweifel zu. Mag es noch so irreal, unvernünftig erscheinen, nehmt es bedenkenlos an, nur dann gebt ihr den Informationen die Chance, sich auch wirklich zu entfalten, zu erfüllen und zum Ziel zu führen. Eine weitere Erfahrung reicher zu werden. Gestattet euch selbst, einfach nur zu SEIN.

Du brauchst keine komplizierten mathematischen Berechnungen anstellen – du brauchst es auch nicht wirklich zu verstehen. Das Verstehen, das AHA-Erlebnis folgt dann später.

★★★★★

SPIRIT – ist was anderes als das Kopfdenken!
Bitte unterscheide das immer.

Es ist wundervoll, zu sehen, zu erkennen, dass ganz viele Menschen schon bereit sind, diesen Weg zu beschreiten oder sich für diesen Weg zu entscheiden, entschieden haben. Erst kürzlich sah ich, dass auch in der Öffentlichkeit mit einem Selbstverständnis darüber gesprochen wird! Gesang, Musik, Geschriebenes oder Gesprochenes, Seminare ...

Wer kann Lesen lehren, der selbst des Lesens unkundig ist? – Hier ist nicht das Lesen zwischen den Zeilen gemeint. ☺

★★★★★

Viele unserer Erlebnisse vermitteln uns Klarheit + Erleuchtung. Erleben kosmische Verbundenheit, fühlen in uns das starke Gefühl der Harmonie + Gottesnähe. Wir erkennen, wie jedes einzelne Menschenwesen für uns und unsere Entwicklung wichtig ist, auch in der Verbindung mit dem

Kosmos, dem Universum. Alles ist Offenbarung, Einweihung, Erkenntnis. Ich sehe mich als Werkzeug, als Vermittler zwischen Gott und den Menschen. Ohne Anspruch auf Vollständigkeit zu erheben.

Es ist die Gesamtheit der göttlichen Schöpfung, und diese macht uns ALLEINS mit Gott + mit UNS SELBST als göttliche Wesen, die wir waren, sind und wieder sein werden.

Der lebendige Gott hat sich in uns manifestiert, wir gehen den Weg der Erleuchtung bis hin zu unserer Vervollkommnung, der ganz persönlichen Vervollkommnung. Des Einswerden in GOTT mit mir und allen Menschenwesen dieser Erde + des Jenseitigen!!

★★★★★

Im Jänner ist es so weit. Dank sei Gott, dem Herrn. Weiß nicht was, wie, wer – ICH, ja, ich freue mich schon. Frage nicht weiter nach – ich lasse es GESCHEHEN!

★★★★★

Ich begebe mich in die Lichtpyramide Gottes, urplötzlich ist sie wieder unbegrenzt und erfüllt von Menschenwesen. Alle sind hier, ob sie mich mögen oder nicht, ob ich sie mag oder nicht, ob ich mich von ihnen distanziert habe oder nicht, sie sind herzlich willkommen.

Ich schwebe wieder, ganz unvermittelt ist Christian da. Wir danken Gott für diese Klarheit. Christian mit seiner Schwere verhindert, dass ich bei der Pyramide aussteige, aufsteige + entschwinde.

Unser Hellfühlen, Hellhören, Hellsehen wird, ist erfüllt von der göttlichen, reinen Klarheit + Wahrheit.

Ich bin das göttliche Licht, und wir setzen alle zusammen den Aufstieg fort. Mit der Atmung – bei gleicher Geschwindigkeit fort, alle, alle Menschen sind dabei. Alle Menschen sind mit den Händen verbunden, umschließen die ganze Welt, es ist ein wunderbares Gefühl, dies zu sehen. Wir, Christian und ich, sind noch immer gemeinsam oben. Alle Menschen verneigen sich voll Dankbarkeit + Freude. Der göttliche Segen ist in dir. Gott Vater, ich danke Dir! Es ist ein wunderbares Gefühl. Die Lichtpyramide ist unser Hort, zu Hause, wo wir uns vereinen + eins sind – jegliches Hassgefühl hat seinen Schrecken verloren. Wir sind eins in uns und unseren Mitmenschen. Wir sind eins mit Gott und wir sind Tapferkeit, wir sind stark auch bei Unheil und Widerständen. Dank sei Gott, dem Herrn. Wir sind eins mit der göttlichen Macht in uns, die uns den Weg erleuchtet, erfüllt und uns führt.

Es ist alles wunderbar. Die Freude, Tapferkeit + Mut erfüllen uns.

Wir geleiten euch noch zum Brunnen des Labsals.
Dank sei Gott, dem Herrn.

Wesenszüge, Charakterzüge … ALLEINS in Gott.

Lernaufgabe vorbei, Herausforderung ansteht.

Es ist alles wunderbar.

Ich bin das göttliche Licht und die göttliche Liebe gleichermaßen – ich lebe das Leben in diesem Bewusstsein, diese göttliche Liebe und das göttliche Licht aus und durch mich scheinen zu lassen und mir der Verantwortung auch bewusst zu sein, was es von mir verlangt, abverlangt. Ja, ich stimme dieser Verantwortung zu und gehe in dieser Verantwortung auf, und meine unermessliche Dankbarkeit strömt aus mir und durch mich. Öffne auch du dich dem göttlichen Licht und deiner Bestimmung.

Öffne dein Herz, verleihe deiner Seele Flügel, gewähre deinem Geist die Freiheit.

Ich begebe mich in die Einheit Gottes und seiner Allmacht, seiner Weisheit, seiner Führung.

Ich weiß nicht, wo ich hingehen soll ... kann – ich warte auf Empfehlungen, Hinweise und überhöre diese, in dieser Erwartungshaltung kann, konnte ich nichts hören, konnte gar nichts passieren.
Ein vorschnelles Zeichen gab.

Ich möchte unbedingt nachdrücklich erwähnen, dass meine Empfehlungen und Hinweise, die ich geben darf, NICHT aus meinem bewussten Denken kommen, sondern einfach nur so aus mir heraussprudeln. Ich erinnere mich oft gar nicht mehr daran, was ich gesagt habe. Es ist die göttliche Führung, meine Intuition. Ich spüre es einfach oder sehe Bilder. Die Zusammenhänge verstehe ich oft selbst nicht. Auf Fragen der Anwesenden, wird es dann jedoch manches Mal klarer, gibt es Hinweise, Erklärungen dafür.

Unser Leben ist KEIN Jammertal – wir nehmen die Gegebenheiten an und schauen sie uns auch an und machen etwas daraus. Die innere Einstellung spielt eine wesentliche Rolle.

Gegebenheiten beachten und zur Tränke gehen. Gott in deiner Nähe spüren und dich fallen lassen. In seine Obhut begeben. In seinen Kreis eintauchen. Gottes Licht spüren. Inmitten deiner Hektik, deines hektischen Treibens gibt es die göttliche Intuition. Diese wahrzunehmen und anzuerkennen bringt dich ein ganzes Stück weiter. Auch das Aufsteigen in ein Gefährt der Liebe ist sehr hilfreich.

Gram und Verletzungen vergessen ... einfach ignorieren ... sie entstammen aus deinem Inneren. Aus deinem schwer angeschlagenen, verletzten Herzen. Deinem Herzen. Nicht die äußeren Umstände betrachten, nein, dich betrachten in deinem ganzen göttlichen Sein. Lass die Leute reden, so viel sie wollen ... was sie wollen, es ist nicht wichtig für dich. Nein, es ist überhaupt nicht wichtig. Sein in seinem Sein. Leben in seinem Leben. Licht in seinem Licht und schlussendlich in seiner Obhut zu ruhen. Zu Ruhen, zu hören und Segen verteilen. Annehmen deines Wirkens. Auch wenn es nur mehr wenige Schäflein sind, es sind deine Schäflein, mit deinen Schwingungen, mit deinem Lieben und Leben verknüpft. Gottes Licht erhellt deine Kammer. Rein sein. Rein bleiben. Erdverbundenheit spüren und laufend initiieren. Segen bringen in die Welt der Ungläubigen und Abtrünnigen. Segen bringen. Segen bringen. Segen bringen. Läuterung vorüberziehen lassen, ruhen lassen, nicht ständig darin herumstochern und bohren.

★★★

Die Arbeit, die ich hier leiste, geht zu meinen Lasten – sprich ist mein Beitrag zur Bewegung der Welt zum lichtvollen Sein. Zur kraftvollen Ergänzung unserer anderen Aufgaben.

★★★

Die Intuition kannst du auch tagsüber immer empfangen, auch das göttliche Licht, nicht nur nächtens. Auch nicht nur in Meditationen, sondern während du mit anderen Dingen beschäftigt bist. Meine innere Stimme hat genügend Kraft – mir im tiefen Gespräch, bei irdischen Schwierigkeiten, bei der Arbeit, Problemen mit Wohnung, Finanzen, Familie, Kindern .... beizustehen. ICH GEBE NICHT auf – ich will es lösen … mit

Gottvertrauen

Selbstvertrauen

Durchführungskraft

Ich mache es einfach, ich warte nicht auf den Erfolg, ob er sich einstellt oder auch nicht einstellt.

★★★

Mit meiner Intuition, kann ich einer gewissen Dünnhäutigkeit entgegenwirken.

★★★

Meinem überaus geliebten und innig umarmten Sohnemann Christian Hubert, Segensbringer und raumausfüllender göttlicher Gesandter, mögen sich hinkünftig viele Tore der Entfaltung, Entwicklung und der LIEBE öffnen. Er möge stets in den Fängen der LIEBE sein und die göttliche Kraft LIEBE und GLÜCKSELIGKEIT empfinden dürfen.

Er möge auch den anderen Menschen hilfreich zur Seite stehen, um sie auf den rechten Weg der göttlichen Weisheit zu lenken und sie zu stabilisieren in ihrem Tun, in der Entwicklung und der Aufgabenerfüllung. Er ist ein Gesandter Gottes im Reich der Ungläubigen und Abtrünnigen, der Verzweifelten und der Straffälligen. Er möge sich selbst in die vertrauten Gefilden Gottes zurückziehen, um Kraft und Energie zu tanken und gestärkt hervorzutreten als Göttlicher unter den Gottlosen. So kann ihm nichts geschehen, was Gott nicht will, wo Gott nicht die Zustimmung gegeben hat. Er wird sich entfalten und auch durch tiefe Tiefen und Schluchten hindurchgehen müssen. Gedanken der Verzweiflung werden ihn plagen und der Aussichtslosigkeit. Nein – nichts davon kann ihn umwerfen, machtlos und kraftlos werden lassen – nein, nur Stärke entsteht und unendliche, unergründliche Weisheit. Was Gott nicht will, wozu er nicht die Zustimmung gegeben hat – gibt es nicht. Auch die Abtrünnigen werden seine Kraft und Macht – Allmacht zu spüren bekommen. Ob sie sich abwenden oder nicht, ob sie flüchten oder nicht – nichts wird ihnen zu Hilfe eilen – keine Kraft der Welt wird es zu verhindern wissen.

Keine Kraft des Menschen, nur derer, die sich Gott zugewandt haben und als Diener, Vollzieher, Retter und Beauftragte gefühlt haben.
Es gibt nur eine Macht, und das ist die Allmacht Gottes, unseres Retters in allen Lebensbereichen, auch in den aussichtslosesten. Mein ist das Reich … mein ist die Kraft … mein ist der Segen … mein ist die Segnung aller Mächte, auch die der Finsternis und des doktrinischen Gefüges.

★★★

Direkt in den PC geschrieben. Ich bin das göttliche Licht, die Dankbarkeit und der Segen. Ich bin Liebe und Licht. Dankbarkeit und Freude. Seinswerdung und Glückseligkeit. Dankbarkeit und Freude.

Es ist ein wunderbares Gefühl, von dir geliebt zu werden, deine Aufträge erfüllen und sich bewähren zu dürfen. Ich danke dem göttlichen Licht und der Liebe.

Es ist nicht ganz so einfach, wie man sich das vorstellen mag. Dank sei Gott, dem Herrn. Dank sei Gott, dem Herrn. Sei dir deines Auftrages, deiner Sendung bewusst und sei auch dankbar für die segensreichen Führungen.

Es mag segensreich sein, doch deine Arbeit macht dir niemand, nimmt dir niemand ab. Sage JA, und es wird geholfen. Sage JA, und es wird geschehen. Ich darf und durfte es schon erfahren durch meinen lieben Bekannten Reinhard. Liebend gerne würde ich ihn auch meinen Freund nennen. Die Zustimmung habe ich jedoch noch nicht eingeholt. Ich bin wohl diesbezüglich etwas zaghaft und schüchtern.

Ich bin das göttliche Licht, die Liebe und die Verwirklichung. Kraft meines Amtes enthebe ich dich deiner Qualen und Erniedrigungen und erhebe dich zum Führer dieser Weltenkinder. Sei anständig, vollkommen, aufmerksam. Starke Schritte, starke + kräftige Schritte sind notwendig, um durchzukommen. Die Entscheidung liegt bei dir. Welche Entscheidung? Ob du dein Buch zu Ende bringen möchtest – JA NATÜRLICH – JA, dann schreibe! Danke. Verplempere nicht deine Zeit mit unnützen Machenschaften. Gott selbst begleitet dich.

Dein letztes Werk wird ein Auftragskiller für Ungerechtigkeiten sein.

Es sollte ein Buch sein, das meine Erlebnisse und Erkenntnisse hilfreich den Suchenden beim Entdecken von sich selbst, der eigenen Fähigkeiten, AHA-Erlebnisse und Weiterentwicklungsmöglichkeiten offenbart. Hilfe für alle, die mehr wollen, erstreben, als sich nur um das Tägliche zu kümmern. Seine Entfaltung fördern, begrüßen, leben. Nicht nur existieren. JA zur eigenen Persönlichkeit, Entfaltung sagen.

Den Stillstand nur dann begrüßen, herbeisehnen, wenn es darum geht, ins Tiefere, ins Innere mehr Einblick zu nehmen. Dank sei Gott, dem Herrn. Du bist die Gnade der Offenbarung, der Heimat des göttlichen Seins.
Beim Lesen eines Buches sollten die AHA-Erlebnisse im Vordergrund stehen – schau, der oder die hatten auch dieselben ähnlichen Erlebnisse, Erkenntnisse wie ich.

So ein dummes Gefasel, ich kann es schon gar nicht mehr hören. Lass dich doch von solchen Ignoranten nicht entmutigen! Nein – steig auf wie Phönix aus der Asche – du kannst es – ganz bestimmt. Mache weiter so! Stefan? JA – DANKE.

Ein Hofstaat von Engeln und Helfern steht um dich, kannst du sie nicht spüren, doch – verzeih – ich kann es nur noch nicht glauben! Ich bitte um Hilfe und Gnade. Danke.

Sei nicht so kindisch, schon wieder – lass dich doch nicht unterkriegen.

Es surrt und saust in meinem Kopf – ich drehe mich nach links, ich drehe mich nach rechts und dennoch stehe ich noch immer am selben Fleck. Ich komme einfach nicht weiter. Es stagniert schon wieder meine Entwicklung. Achte auf deine Eingebungen, achte auf deine Empfindungen. Achte auf dich selbst – als ganzes, als GANZHEIT!

Einen Test möchte ich machen, ob ich überhaupt geeignet bin – natürlich bin ich es, wenn ich es auch noch immer nicht wirklich wahrhaben möchte. Ich schaffe es – auch ohne äußere Hilfe. Außer meinem lieben Freund Reinhard. Ihn brauche ich unbedingt. Er hat die nötige Distanz zum Geschriebenen und ist der Weise, der mich auch auf Unverständliches oder nicht klar Erkennbares hinweist und damit auch für dich erkennbarer, erfühlbarer macht.

★★★

Bist du göttliches Licht? Ja, ich denke schon. Dann trage es hinaus in die Welt, zu den Ungläubigen, Abtrünnigen, zu den Verschwendern der eigenen Energie.

★★★

Ein Mahnmal für Unwahrheiten, Ungerechtigkeiten, üble Nachreden. Macht euch nicht Gedanken darüber, was ihr anderen Menschen vergelten könntet, sondern lieber, wie ihr euch besser der Gerechtigkeit widmen könntet … Das Verhältnis zu diesen Menschen verbessern könntet … wahrlich eine Herausforderung.

In sinke, versinke im Meer von göttlicher Weisheit + Glaube. Wir begeben uns in deine Obhut, nicht um zu schlafen, nichts zu tun, sondern einfach um aufzutanken, regenerieren und gestärkt durch deine Führung + Weisheit hervorzugehen.

Zweifel – Soll ich überhaupt an meinem Buch weiterarbeiten? – Bin ich wirklich am rechten, geradlinigen, göttlichen Weg? – Ist es meine Aufgabe, mit meinem Wissen, Erkenntnissen, Erfahrungen an die Öffentlichkeit zu gehen?

Antwort – Ora pro nobis = bete für uns, Ora et labora = bete und arbeite.

Unvermittelt fühle ich mich gestärkt, mit Sicherheit und Stabilität erfüllt.

Dankbarkeit, unendliche Dankbarkeit ist in mir, eine tiefe Erkenntnis, dass es die göttliche Führung ist. Ja, Zuversicht, unerschütterliche Zuversicht hebt mich hinweg über jeden Zweifel + Verzagtheit. So wird auch alles Zukünftige von mir durch meine Innerlichkeit bewältigt werden können. Die Stabilität, ja die Sicherheit + Überzeugung lässt mich alles klarer – heller, wirklicher erkennen. Es ist ein Gebäude entstanden, unerschütterlich durch das Vertrauen an Gott + mich. Dieses Gebäude hat tiefe Wurzeln – unerschütterlich, so, wie ich mich jetzt fühle.

Alle Warnungen werde ich wahrnehmen und mich auch den Herausforderungen stellen. Ja, so ganz ohne Herausforderungen und Anforderungen an meine Kompetenz und Stabilität geht es wohl nicht mehr. Aber durch meine innere Sicherheit wird es wieder zur LEICHTIGKEIT und Selbstverständlichkeit.

Es ist eine enorme Herausforderung an mich, meine finanzielle Seite – gerne nehme ich sie an, jedoch in diesem Umfang ist es nicht akzeptabel (Angebot von Verlagen mit Kostenbeitragsforderung).

★★★

Meine persönlichen Kontakte mit Stefan von Jankovich haben in mir vieles zum Vorschein gebracht. Einiges hatte mich bereits vor vielen Jahren geprägt, doch so manches wurde mir erst im Laufe der Zeit bewusst, verständlicher. Auch wenn ich ihn jetzt nicht mehr fragen kann, mich nicht mehr verbal mit ihm unterhalten kann, verstehe ich doch jetzt intuitiv, was er – dank der göttlichen Intuition auch Gott selbst durch ihn mir vermittelt hatte und es noch jetzt tut. Es wirkt für mich und auf mich aus einem anderen Blickwinkel. Mein Horizont des Verstehens wird mehr und mehr erweitert.

★★★

Ich bin das göttliche Licht, es umgibt mich wie ein warmer Mantel des Wohlgefühls und der Sicherheit. Stabilität + Kraftvolles, stärkendes Sein.

★★★

ATREA – ATREA
Versuche, hier auch „nur“ mit meinen Buch Anregungen für die Weiterentwicklung auf dem geistig-spirituellen Weg zu geben.

Alles Berichtete sind MEINE Erfahrungen – DU magst ähnliche bereits gemacht haben oder möglicherweise noch machen. Anregungen zur ganz persönlichen, individuellen Entwicklung vermitteln. Selbstvertrauen in dir weckt und wachsen lässt.

Weisheiten, die durch mediale, intuitive Zustände entstanden, aufgenommen und dokumentiert wurden und werden. Diese Empfehlung möchte ich sehr gerne wiederholen.

Kaum jemand wird sagen können, dass eine Prüfung, ein Examen oder eine Dissertation keine Herausforderung darstellen. Sie sind von Mühen und auch vielen Verzichten begleitet. Wie glücklich fühlt man sich im Anschluss, das Zertifikat in Händen halten zu dürfen. So ist es auch auf dem geistig-spirituellen Weg. Nur erhalten wir hier nicht dieses Zertifikat überreicht – ausgenommen beim Besuch eines Seminars eine Urkunde als symbolische Handlung.

Diese Überreichung einer Urkunde ist nur ein Abklatsch von dem, was aus göttlicher Weitsicht mit dir passiert – geschehen ist.

Die Erfahrungen, Erkenntnisse und Herausforderungen bleiben ständig/unaufhörlich bei dir. Es geht immer weiter, weiter … ist das nicht eine wundervolle Erkenntnis, ein göttliches + ebenso IRDISCHES Geschenk. Aktivität statt Passivität. Wobei Erholungsphasen in Form von vollkommener Stille unbedingt eingehalten werden sollten. Die Sinnhaftigkeit unseres Lebens, der Lebensaufgabe oder auch mehrerer Lebensaufgaben erfahren. Erkannte Fehler korrigieren – die Lösungsansätze werden mitgeliefert. Sinnhaftigkeit nicht hinterfragen, kommt ohnehin die vom Kopfdenken eingefärbte Antwort.

★★★

Sehe jetzt eine riesige Doppeltür mit einem goldenen Rahmen. … das waren meine Erkenntnisse – dies sind meine Erkenntnisse – sie unterliegen ebensolcher Wandlung, wie sich auch der Körper durch das Älterwerden wandelt. Er weist + beweist unsere Weiterentwicklung, das darf man jedem Menschen zugestehen – auch mir!

Ich verlasse alle Planeten, Galaxien, auf denen ich jemals gelebt, existiert habe … Ich existiere als Mensch und gleichzeitig mit der starken Verbindung zu Gott.

Die Texte wurden so geschrieben, wie sie mir „zugefallen“ – zugekommen sind. Würde ich sie mit meinem „Wachverstand“ schreiben, würden sie einen verfälschten Charakter darstellen. Nicht den Punkt, das Kernstück vermitteln … und somit auch die Intensität der Aussagekraft – die für die Weiterentwicklung notwendig ist – verlieren.
Dank sei Gott, dem Herrn.

Ablehnung von Seiten der katholischen Kirche, ihrer Vertretung, kann ich nun wunderbar wegstecken, da diese göttliche Liebe mir das Verständnis für diese Menschen schenkte. Sie handelten alle aus ANGST – Angst vor ANDEREN – wiederentdeckten Weisheiten. Die aus dem Göttlichen und nicht aus der Angst, Furcht entstanden sind.

Anfeindungen sind lediglich ein Mittel, um mir meine innere Stärke, Wahrheit zu bestätigen.

Rückführung: Ich war ein Schwerterzeuger in Frankreich. Ich war erschüttert und habe sehr lange darunter gelitten, dass ich das gemacht hatte. Schwerter erzeugt, womit Menschen getötet werden. Das war für mich schrecklich. Wie konnte ich das tun? Nach vielen Jahren wurde mir plötzlich klar, dass es hier nicht ums Töten ging, SONDERN – dass es eine meiner Aufgaben ist, für die Wahrheit, Wahrhaftigkeit + Gerechtigkeit zu kämpfen. Welch eine großartige, erlösende Erkenntnis.

Ich sehe es immer als Herausforderung an, niemals als Problem. Ich erhalte die Chance, mich zu bewähren. Ich darf zeigen, welch enormes Potenzial an innerer Stärke in mir wirkt. In jeder dieser Herausforderungen steckt ungeheuer viel Energie, die wir produzieren und offenlegen. Dann können wir sagen – eine Rakete ist eine lahme Ente gegen dieses Aufsteigen durch die Kraft der Erlösung, Auflösung.

★★★

Natürlich darf ich mich auch andersrum entscheiden und dies verkümmern lassen. Es obliegt mir – meiner Entscheidung. Möchte ich aus dem … übervollen Füllhorn schöpfen oder nicht.

Wir sind wie eine Batterie, die nicht benutzt, gebraucht wird und dann im Laufe der Zeit ihre Leistungsfähigkeit verliert. Wenn ich viel geleistet habe – bin ich zufrieden. So fülle ich mich auf mit FREUDE + TATENDRANG. Also, das bedeutet Herausforderung annehmen … und dann

FREUDE FREUDE FREUDE
DURCHHALTEVERMÖGEN
SELBSTDISZIPLIN
SELBSTLIEBE

Selbstliebe ist das Produkt meiner **eigenen** Wertschätzung und das fertige Produkt aus allem vorher Erwähnten, das Zusammenwirken von Freude, Durchhaltevermögen, Selbstdisziplin, Selbstliebe. Dies ergibt Zufriedenheit, Wohlbefinden und wieder Freude, Liebe … Und ist die Erfüllung unserer Lebensaufgabe oder der Lebensaufgaben.

Zur Selbstdisziplin gehört unbedingt auch eine gute, ausgewogene Zeiteinteilung. Das heißt Wertschätzung auch meiner eigenen Bedürfnisse = Ruhe, Loslassen …

Eine ausdrucksstarke Persönlichkeit – ein Wesen, eine Frau / ein Mann mit Charisma. Gerne nehme ich das an und werde auch mein Bestes geben, um diesem Ruf gerecht zu werden.

Nichtsdestoweniger möchte ich betonen, dass diese Frau / dieser Mann ganz fest auf dem Boden der Realität steht. Ja, es ist meine Realität und nicht eine vorgegebene.

Disziplin ist für mich nicht gleichbedeutend mit Zwang, sondern die gesunde Ausgewogenheit von Durchhaltevermögen + Selbstachtung, Selbstliebe, also das sanfte Beobachten meiner eigenen Leistungsfähigkeit, meiner Bedürfnisse.

★★★

Ebenso gilt es auch für mich, die ICH-Bezogenheit, was ja so oft verteufelt wird, eine Achtsamkeit auf sich selbst, sprich Freude, Freude … zu leben. Egoismus ist es für mich nur dann, wenn ich durch mein Verhalten anderen Schaden – körperlichen oder auch seelischen – zufüge. Der Schaden des anderen meinem NUTZEN dient. Manches Mal bedarf es lediglich der Erklärung unseres Bedürfnisses, unserer Befindlichkeit. Damit die Gefahr der Verletzung und des Unverständnisses aufgehoben, minimiert wird.

★★★

Die meisten Menschen möchten Helligkeit, Freude, Offenheit, Liebenswürdigkeit, Hilfsbereitschaft, Kompetenz + Erfolg, Glück ausstrahlen. Wir möchten von allen Menschen Anerkennung, Zuwendung + Liebe erfahren. Leben wir das in einem Miteinander, dem Respekt vor jeder Persönlichkeit, der wir begegnen dürfen, daraus lernen dürfen! Vor allem gilt das für jene Menschen, die gar nicht so gerne reden, sich nicht gerne offenbaren. Meist ist es auch die Angst, das Minderwertigkeitsgefühl, welches dadurch auch eine Auflösung erfahren darf.

Auch ein Zeichen der Selbstdisziplin – gar nicht so einfach … oh, ja … wie gerne stimme ich dem zu.

Kompromisse schließen – für mich fühlt sich das an, ich sehe das so, dass ich meine eigenen Bedürfnisse hintanstelle und die meines Verhandlungspartners als die meinen annehme.

Übereinkunft – so würde ich den Respekt für den anderen jedoch gleichermaßen auch für mich nehmen, dadurch wäre es möglich, den faden Beigeschmack des Kompromisses aufzuheben.

Ich neige dazu, alles, was ich tue, immer als ZU WENIG zu betrachten – ist das Wertschätzung – NEIN – siehst du, auch mir geht es nicht anders.

★★★★★

Respektvolles Hinhören vermittelt mir möglicherweise sogar NEUE Erkenntnisse.

Aus einem Fehler …, was ich daraus gelernt habe, das bereitet mir eine unheimliche Freude. Hätte ich diesen Fehler nicht gemacht – hätte ich niemals diese Erkenntnis erlangen können. So sehe ich Fehler als begrüßenswertes, gewinnbringendes Ereignis. Das ist für mich so – versuche, es so zu sehen. Kernpunkt der Frage an dich ist, was du daraus gemacht hast – im täglichen Leben – also im Hier und Jetzt oder in der Meditation. Das ist mir ganz wichtig zu bemerken, anzumerken. Dieses spirituelle Wachstum ermöglicht das Erkennen, Begreifen der Lebensaufgaben und hilft bei deren Bewältigung. Bitte nicht zu hohe Erwartungen an sich stellen!

★★★

Ich bin REICH, reich an Erfahrungen, das kann mir niemand wegnehmen. Vielleicht habe ich auch durch diesen Fehler und die daraus gewonnene Erkenntnis mir einen Weg eröffnet, einer „bewussten Dummheit" zu entgehen, sie zu vermeiden.

★★★

Disziplin – stärkt den Charakter. Charakter ist Persönlichkeit – Persönlichkeit ist charismatische Entwicklung. Freudig nehme ich diese Form der Disziplin an. Eine Disziplin, die von jedem Menschenwesen erreicht werden kann.

★★★

Entscheidungen, die aus dem Grobstofflichen heraus getroffen wurden, wären mit der feinstofflichen Zurückhaltung nicht getroffen worden. Unsere Entscheidung entsprang lediglich einer Momentaufnahme, deshalb besonders das Feinstoffliche sensibilisieren.

Von Verteufelungen, weder von sich selbst noch von anderen, halte ich nichts. Es zeigt mir nur den Mangel an Bereitschaft, Respekt zu zollen. Eventuelle Vorverurteilung war … Es gelingt uns nicht immer, aber immer öfter, diese Vorverurteilung einer Auflösung zuzuführen. Durch unser Verhalten wird oft ganz woanders hingesteuert, als man anzunehmen vermag. Respektlosigkeit ist immer ein Mangel an Selbstliebe und Selbstwert.

Meiner Meinung nach, meinem Empfinden zur Folge, sehe ich das als einen neuen Blickpunkt, einen Hoffnungsschimmer, ja vielleicht sogar noch viel mehr. Jeden Morgen sich auf das Neue, auf das Wunderbare freuen. Auf eine neue Chance freuen, sich einstimmen. Nicht fragen nach dem ERFOLG – EINFACH N U R HANDELN.

Ich bin eine Frau / ein Mann der TAT!

Rechtschaffenheit beflügelt. Freude beschwingt, macht Schaffenskraft lebendig, verbindet uns mit der Fröhlichkeit. Leichtigkeit wird freigesetzt, bringt Licht in unser Wesen, beschleunigt unsere Entwicklung. Schaffenskraft bringt Begeisterung, Begeisterung bringt uns den Erfolg näher.

★★★★★

Weisheit entsteht durch Erfahrung! NICHT durch Vorbeten ☺

★★★★★

Unwahrheit zu sagen ist bei manchen Menschenwesen ein Hobby, sodass sie es schon gar nicht mehr merken. Du hast die Aufgabe, den Auftrag, dieses Menschenwesen direkt darauf hinzuweisen. Dabei tauchen oft 100.000 andere Fragen auf. Du kannst Licht in diese Verworrenheit bringen. Möglicherweise hast du eine riesige Lawine losgetreten. Oder du hilfst, den Mühlstein am Bein dieses Menschenwesens zu entfernen. Welch wunderbare Aufgabe. Fiktives oder auch von dir selbst Erlebtes taucht auf. Deine Intuition unterstützt dich real, realistisch zu bleiben. Dein Verhalten sollte immer im Kontext/Zusammenhang mit der Liebe stehen. Dein Codex / dein Gesetzbuch ist die Liebe.

Ich wünsche dir und mir viele Gaben, Gaben der Liebe, der Vergebung, der Gnade, der Freude, der Wunscherfüllung, der Aufgabenbewältigung etc. In unserer Korrespondenz mit uns und mit unseren Mitmenschen ist LIEBE, und zwar die bedingungslose Liebe, das Hauptthema.

★★★★★

Oh göttliches Licht, ich danke dir. Ich danke dir für den Segen. Ich danke dir für die Gnaden, und ich danke dir für die Segnungen. Es ist alles wunderbar. Segensreich und gut. Ich bin das göttliche Licht. Die Vergebung und die Erleuchtung. Ich bin das Licht. Ich bin der Segen. Und ich bin die Erlösung. Dankbarkeit und Freude. Es ist alles wunderbar.

Ich hatte plötzlich wieder dieses wunderbare Gefühl. Es kommt von ganz tief innen hoch. Es ist einfach wunderbar und gut. Es ist gnadenreich und segensreich. Ich hatte gerade die Aufnahmen meines ATREA-Seminars bearbeitet. Es ist wieder dieses unaussprechliche, wunderschöne nicht zu beschreibende Gefühl der Glückseligkeit, der Freude, der Gelassenheit, der Einsamkeit.

★★★

Wieder ist ein Jahr vergangen, und es haben sich auch einige Chancen zur Weiterentwicklung geboten. Das neue Lebensjahr bringt wieder neue, andere Chancen, die genützt werden möchten, schau sie dir an, um in deiner Weiterentwicklung fortzuschreiten. Mögen die vielen begeisternden Möglichkeiten angefasst und der Umsetzung zugeführt werden. In tiefer und inniger Verbundenheit, verbunden mit Fröhlichkeit, Mut und Freude.

★★★

Energiearbeiter brauchen auch die „GEISTIGE“ Einstellung. Es beginnt im Kopf – in den Gedanken. Wie ich mein Leben gestalte. Vor allem ist es meine persönliche Einstellung – möchte ich, dass meine Energie in Fluss bleibt? JA – dann werde ich meinen Geist befragen. Entscheidung ist dann die Folge daraus. Möchte ich „HEIL“ sein, sprich gesund bleiben, setzt das meine geistige Zustimmung voraus. Es geht jedenfalls immer um meine „GEISTIGE“ Einstellung.

Ich SELBST, mein GEIST entscheidet, ob ich HEIL – GESUND sein + bleiben möchte. Geist – Gedanken – ENTSCHEIDUNG – UMSETZUNG.

NUR dem Körper „alleine“ was Gutes zuzuführen, ohne die „GEISTIGE“ Entwicklung, wird vermutlich nicht sehr lange anhalten. Es anderen Menschen zu übertragen, dass sie sich um mich bemühen – mag auch eine Streicheleinheit sein –, jedoch nur von kurzer Dauer.

Sich selbst entwickeln, GEISTIG – KÖRPERLICH – SEELISCH im Einklang sein + bleiben bewirkt, dass wir vieles im Leben aus einer anderen Perspektive sehen.

Die innere Einstellung spiegelt sich im Äußeren wider. Wir bestehen aus KÖRPER, GEIST + SEELE.

Es gibt nicht nur unseren Körper, dem wir Nahrung zuführen, den wir pflegen sollen, sondern die SEELE schwingt mit, der Geist – der Weitblick wird enorm vergrößert. NUR den Geist pflegen und den Körper vernachlässigen, wird wohl kaum Wohlgefallen bei uns und unseren Mitmenschen auslösen. Denken – nur an Schwierigkeiten, Probleme, alles SCHWARZ färben wird wohl kaum günstig unsere SEELE nähren, auch der Körper erhält dadurch wenig Ansporn.

Das Innere vernachlässigen, bedeutet SICH vernachlässigen – wer möchte das wirklich. ICH NICHT! Ich kann dem ganz und gar nicht zustimmen. Es ist das Licht, es sind die leuchtenden Farben der Sonne, des Mondes und der unzähligen Sterne, die dich erfüllen. Auch das seelisch-geistige Wohlbefinden sollte gefördert werden, worauf die meisten, ach, sagen wir, noch viele Menschen vergessen.

(Vorangegangenes wurde durch einen Artikel über „ENERGETIKER sind keine Geistheiler“ in der „Steirischen Wirtschaft“ von Manfred Schiffner RA in Köflach hervorgerufen.)

★★★

Sicherheit gibt es nicht. Dein Glaube an dich verleiht dir Stabilität.

★★★

Begleite mich auf der Reise zur Innenschau. Zurückholen aus den Tiefen des bisherigen, des jetzigen Lebens. Ich bin dein sprach der Herr, dein Gott. Es gibt Mittelpunkte, von denen ausgegangen werden sollte.

Der Mittelpunkt heißt INNERES, wo es unendlich viel zu erforschen gibt. Im Erdmittelpunkt steht noch so manches verborgen geschrieben. Viele Möglichkeiten, viele Talente, ein enormes Potenzial eröffnen sich durch die Innenschau, durch die inneren Worte. Entdecke in dir das Höchste, das Wertvollste und mach es dir bewusst. Betrachte dich als das Ganzheitlichste von allem. Deiner Persönlichkeit, deiner Körperlichkeit, deiner Intelligenz.

Auch wenn sich in deinem Gemüt momentan etwas Verlassenheit, Trauer, Traurigkeit + Mutlosigkeit breitgemacht haben, lass in dir das Licht erstrahlen, auch wenn am Himmel keine Sterne, Mond oder Sonne stehen. Glaube nur nicht, dass mir das alles fremd ist. Sicher nicht. Aber ich habe daraus gelernt + erkannt, dass mein Inneres mein Geistiges und Körperliches bewegt. Entfaltung, die nur Einseitigkeit hervorruft, wird immer wieder nur Einseitigkeit, Einsamkeit hervorrufen.

Viele gesundheitlichen Mängel entstehen in deiner Seele und deinem Geist, nähre sie mit Freude, ZUVERSICHT, MUT und ...

Aus der Seele steigen Informationen auf, die keiner äußeren Beeinflussung die Chance geben, sie zu verwässern oder zu vernichten. Die Seele ist die Plattform, die Basis allen SEINS.

Die seelischen Informationen haben eine Unabhängigkeit, die sich jedermann/jedefrau ersehnt. Sehnsucht – kommt von suchen – suchen nach einer Erfüllung, der Erfüllung eigener Wünsche. Mit einer ungeheuren Geradlinigkeit, Offenheit, Klarheit, Unverbrämtheit die geistig-spirituelle Entwicklung ansteuern. Die Basis ist Gerechtigkeit, Wahrheit, Wahrhaftigkeit. Gerechtigkeit ist nicht nur ein Wort, das sich wunderbar anfühlt, sondern es macht auch lebenswert und ist praktikabel. Ich bin Schaffensdrang.

★★★★★

Am Ende bist du SIEG. Sieg über dich selbst, deine inneren Widerstände + die äußeren Aus- und Einwirkungen. Lass alles los! So sind Widerstände nur Herausforderungen, um mehr dem Göttlichen zugetan zu sein. Gerade solchen Herausforderungen sollst du dich stellen.
Das innere Erscheinungsbild stimmt nicht immer mit dem äußeren Erscheinungsbild überein. Ich darf durchaus auch etwas verbergen.

★★★★★

Miesmacher gibt es viele und wird es auch immer geben. Meist ist ein Unglücklichsein, eine Unzufriedenheit die Ursache hiefür. Mein Verständnis hält sich in Grenzen.

★★★★★

Schaffe ein Sammelbecken aus Liebe, Freude, Zuneigung, Glückseligkeit und Selbstwertschätzung. Weil ich meine innere Bereitschaft dazu bereits dokumentiert habe, wird sich dieses Sammelbecken von Tag zu Tag immer mehr vergrößern, und ich kann zu jeder Zeit daraus schöpfen. Meine Verzagtheit, meine Zweifel dadurch auflösen, loslassen. Mit einer hammerstarken Durchsetzungskraft und mit uneingeschränkter Weisheit führe ich alle meine Aufgaben der Verwirklichung zu.

★★★★★

Vision: Habe ein Rad in der Hand, das verborgen ist, es ist wie ein Lenkrad. Erst jetzt beim Schreiben ist mir klar geworden, was mir dieses Rad sagen möchte – ich kann es gleich biegen und wieder alles in Schwung bringen! Wie schön ist diese Erkenntnis!

★★★★★

Ehre, wem Ehre gebührt, du sollst jedenfalls dranbleiben und dich durch scheinbare Misserfolge nicht entmutigen lassen … BUCH! Lebendige Spiritualität leben. Glaube an Gott und seine Allmacht, aber vor allem an seine Güte. Seine Güte ermöglicht mir, über mich hinauszuwachsen. Kleinkariertes Denken fällt von mir ab, nur Großes, alles Umfassendes ermöglicht mir den Einblick in Dimensionen, die mir bisher verborgen, versteckt, unbegreiflich waren.

★★★★★

Ich distanziere mich von Menschen, die den Glauben noch nicht gefunden haben und ihn auch nicht finden wollen. Ich distanziere mich von Menschen, die sich ihrer Aufgaben bewusst entziehen und ihr Herz verschließen. Verschließen vor Gott, sich selbst und auch anderen Menschen. Die ihre Rechtfertigung in ihrer eigenen Überheblichkeit, in ihrer eigenen Angst versenken. Sie finden keinen Ausweg mehr. Sie ersäufen sich selbst, in Selbstmitleid und Selbstaufgabe sowie in ihrem Elend. Sie haben Gott Rache geschworen, weil er sie verlassen hat. Sie haben IHN für sich verantwortlich gemacht. Großes Leid zieht sie nur noch mehr von Gott weg, statt sich ihm anzunähern. Statt sich ihm anzuvertrauen. Statt sich ihm zuzuwenden. Sie geben dem Bösen in sich viel mehr Gehör und verbünden sich mit ihm. Mit diesen Regungen vergiften sie sich und ihre Umgebung nur noch mehr. Scheinbare Hilfe aus dem dunklen Bereich der Seele steigt auf und gaukelt Frieden, Freude und Glückseligkeit vor. Sie vertrauen ihr, geben sich diesem Trugschluss hin. Welch abtrünnige Welt.

★★★

Ich bin berührt, innerlich stark aufgewühlt. Kann mich nicht konzentrieren... ich spüre jedoch, dass so vieles ansteht … viele, viele Informationen.

Es schwirrt in meinem Kopf ... in meinem Bauch ... kommen Informationen für mein Buch ... ich denke schon … es kam nämlich statt Bauch ... Buch... das war für mich wieder das Zeichen ... das Zeichen für ...

★★★

Enorme Belastungen kommen auf dich zu ... lass es zu ... lass es geschehen ... Gottes Hilfe naht ... ist da, ist ständig da … präsent ... Gnaden ... Gnaden ... exzentrisch ... fantastisch … Dieses Gefühl ist nicht beschreibbar ... ich sitze im Dunkeln ... nur das Licht vom Bildschirm ... ich habe auch keine Lust, meine Lampe einzuschalten ... es ist im Buch ... wieder Buch ... statt Bauch ... es schüttelt mich ab ... es wird mir kühl ... ich bin allein ... allein mit mir selbst und mit Gott ... ich glaube, nein, ich bin mir sicher ... ER ist da ... ich brauche keine Angst zu haben ... ich habe auch keine ... es berührt mich etwas ... es treibt mich etwas an ... an … zu schreiben ... jetzt nur noch meine Empfindungen … mein körperliches Befinden ... nichts anderes soll kommen ... nur ich, ich, ich und wieder nur ich ... komisch ... machte ... so glaubte ich bereits auf Empfang mich einzustellen ... schaffe ich es nicht ... frage ich mich ... schaffe ich es wirklich nicht ... bin ich wirklich zu schwach oder gar unfähig ... nein, nein, mein Kind ... nur Geduld, Geduld ... Geduld ... kraftvoll sein … kraftvoll … Anstrengungen sind notwendig ... viele, viele Anstrengungen ...

Handlungsbedarf gegeben ... Handlungsbedarf ... ein bisserl, ein bisserl noch warten … durchhalten ... einfach nur durchhalten ... nicht Schluss machen ... nicht aufgeben ... es geht gleich weiter ... gleich bekommst du den Segen ... Segen von ganz eigen ... eigener Art und Weise ... eine Kommunikation kann beginnen. Komm, mach schon, es geht los.

Ewiger Gott und Vater, gib mir bitte den Segen ... den Segen, den ich brauche, um durchzuhalten … durchzustehen, dies alles durchzustehen. Klein, klein kann es beginnen … klein, klein. Es geht los. Achtung ...

Achtung: Nun denn. Sei bereit. Bereit. Ich bin göttliche Liebe und Licht. Ich bin göttliche Liebe und Licht. Ich bin bereit. Ich bin bereit. Amen. Haltloses Beginnen. Haltloses Sein.

Rettungsanker zugeworfen.

★★★

(Direkt in den PC) Ich bin erfüllt von der göttlichen Liebe und vom göttlichen Licht. Es weitet und breitet sich aus – überall hin ... überall hin. Ich bin in mir, und Gott ist in mir. Ich bin bereit, meine Lebensaufgaben ernsthaft und mit größter Sorgfalt zu erfüllen. Ich bin in mir, und Gott ist in mir. Ich bin bereit, immer und überall auf meine göttliche Stimme zu hören. Auf mein göttliches Sein zu achten und mich traumhaft zu bewegen. Bewegen immer im Schein des göttlichen Lichts. Der göttlichen Liebe und der göttlichen Führung mit Sorgfalt und Hingabe. Ich bin bereit. Sein oder nicht sein. Bewegen und nicht bewegen. Glauben und vertrauen ohne Unterlass und ohne zu zögern. Ich bin bereit, in meiner Heimat ein Zuhause zu fühlen. Ein Zuhause, das es nirgendwo hier auf dieser Erde gibt. Dennoch erhalte ich mein Domizil als Geschenk, als göttliches Geschenk. Als Freigabe meines göttlichen Seins. Ich bin in Hingabe und Demut meiner selbst. Ich bin ich und als solches Geschöpf Diener meines Herrn und Schöpfers, meines über alles geliebten Gottes und seiner Gnade. Demütig und voll Geduld warte ich auf die Hinweise, die mir unaufgefordert zufließen werden und bereits zugeflossen sind. Ich erfülle Sie ALLE, ALLE und vertraue. Ohne Zweifel und ohne Zögern. Ich bin ein göttliches Wesen, als solches soll ich mich auch immer beweisen und bewähren. Es ist nicht gut, sich ständig nach Neuem umzusehen. Es ist, so wie es ist, gut. Sei voll Demut und Geduld. Und voll Hoffnung und Zuversicht, gepaart mit dem göttlichen Licht. Gepaart mit einem unerschütterlichen Gottvertrauen. Ich danke der göttlichen Führung und bin bereit, bereit zu sein, jederzeit und immerdar. Ich bin, dass ich bin. Ich bin, dass ich bin. Ich bin ich, und ich bin in Gott, und Gott ist in mir, weil ich ein Teil des Göttlichen bin. Ich bin bereit, auch Fortschritte und Entwicklungsschritte zu machen. Ich glaube fest und unerschütterlich an die Liebe und Gott. Es ist alles für mich bereitgestellt und von untrügerischer Einfachheit und Glaubwürdigkeit und Kompetenz vorgeplant und zur Verfügung gestellt. Nur noch zugreifen und die Geschenke annehmen, ohne Unterlass beten und vertrauen. Vertrauen auf Gottes Ehrlichkeit, Wahrhaftigkeit und Gültigkeit. Gültig von Anbeginn der Erde und des Weltalls, der Natur und der feinstofflichen Lebewesen. Sich zu ihnen gesellen und sich mit ihnen und Gott zu vereinen. Es ist nicht wichtig, dich ständig nach Neuem umzusehen und zu laufen. Gehe in dich. Dort findest du die Antwort, die Antworten, alle Antworten. Ja, glaube, VERTRAUE und BEFOLGE. Handlungsfähigkeit ist im ausreichenden Maß vorhanden.

Ewiger Gott und Vater, lass mich deine Güte und Hilfe spüren ... deine Führung für mich und für alle anderen Menschen, die du mir anvertraut hast. Lass mich meiner Intuition folgen und sie auch wahrnehmen. Voll Vertrauen handeln. VOLL VERTRAUEN! Danke.

Im Segen und Heil ist alles drin. Es gibt kleine Schlupflöcher, aus denen deine Energien entweichen, schließe sie zu. Es sollte nichts eindringen, was dir, deinem Körper, deiner Seele und deiner Intuition Schaden zufügen könnte. Stopf sie einfach zu, SCHLIESSE dich ab. Es ist nicht gut, so viel Mitgefühl für andere zu entwickeln, wenn du es für dich selbst nicht auch hast, nicht in Anspruch nimmst. Sei dir deiner Sendung und Segnungen, göttlichen Segnungen bewusst. Es gibt keinerlei Grund, dich heimtückisch vor der Verantwortung davonzustehlen und dich nicht der Herausforderung zu stellen. Es ist nicht deine Aufgabe, ständig, wiederholt nachzufragen, ob es wirklich gut und richtig ist. Wo ist dein Vertrauen zu Gott und seiner Führung, seiner Güte und seiner Gnade. Sei dir deines Wertes bewusst!

Es gibt Zeiten, da gibt es einen scheinbaren Stillstand. Dieser wird zur Vorbereitung genutzt. Gestatte dir auch hin und wieder eine Pause. Eine Leistungspause. Ohne schlechtes Gewissen, ohne dich dafür zu entschuldigen. Es muss nicht immer und ununterbrochen gearbeitet, geleistet werden. In der STILLE gibt es viele, viele Hinweise. Einfach nur STILLE ohne was ... ohne irgendwas ... ohne Aktion ... lesen, schreiben, arbeiten. Einfach nur STILLE, RUHE, NICHTS.

Ich bin in mir und glaube fest an meine göttliche Führung. An mein göttliches Sein. Ich bin Fortschritt und Entfaltung.

Eine große Ausbeute für diese Zeit. Es ist genug. Es ist wirklich genug. Du darfst dich auf die Einweihung freuen. Es geschieht ganz von selbst ohne dein Zutun. Ich bin gerührt und auch gleichzeitig sehr verblüfft.

★★★★★

Es darf alles so sein. Warum zweifeln, wenn es auch mit Vertrauen möglich ist. Zweifel zerstören deinen Wirkungskreis, deine Entwicklung, deine Wahrnehmungen, deine Fortschritte.

Erblasser gibt es einen, der dich in seiner Wirklichkeit unterstützt. Glaube fest an diese Unterstützung. Es wird sein.

Knabenhaftes Wesen wird dich unterstützen und dir begegnen. Dir in vielerlei Hinsicht behilflich sein können. Achte darauf.

★★★

Lieber Gott, bitte, bitte lass mich demütig deine Informationen in Empfang nehmen und diese Menschen, die sich von mir dadurch abgewandt haben, wieder liebevoll und herzlich annehmen, statt sie darauf hinzuweisen, dass ich es ihnen bereits gesagt haben. Sie wissen es selbst, es ist ihnen bewusst.

★★★

War es Vision, war es Wirklichkeit. Ich weiß es nicht. Ich bin hier. Hier auf meinem Platz, den ich erfülle, ausfülle. Ich brauche nicht Recht zu haben. Ich brauche nur immer wieder diese innere Bestätigung, dass Gott mir nur das Richtige, das Wahre sagt. Ich nur in mein Innerstes hörte und zur Wahrheit, Einheit mit IHM zurückkehrte, immer wieder, wenn ich fälschlich auf Abwege geraten bin. Mit meinem irdischen Kopfdenken alles verwässert, verdreht habe.

Der Glaube an Gott und seine Allmacht, aber vor allem seine Güte, lässt mich über mich hinauswachsen und Gott leben, lieben und ihm vertrauen. Kleinkariertes Denken fällt von mir ab, nur Großes, alles Umfassendes ermöglicht mir den Einblick in Dimensionen, die mir bisher verborgen, versteckt, unbegreiflich waren.

★★★

Einsamkeit überrollte mich, schreckliche Einsamkeit, und ich bete zu Gott, ich flehe ihn an um Hilfe, Unterstützung und Gnade. Ich übergebe mich der göttlichen Führung, und so bin ich frei, frei für neue weitere Aufgaben.

Ich knicke zusammen und fühle mich schwach und hilflos. Ich habe nur mehr einen Gedanken, den Gedanken an Gott. Bitte, bitte, hilf mir. Ich bin ertrunken. Ertrunken in meiner Sehnsucht nach Gott und seinen Engeln, seinen Gefährten für Diesseits und Jenseits.

★★★

Ein Gefühl der Sicherheit, der Stille, der Ruhe überkommt mich, ich gehe in die Stille.

★★★

Das Leben besteht nicht aus Paragraphen oder aus Kolonnen von Zahlen – es besteht aus dem „LEBEN“. Dem Empfinden, dem ganz persönlichen Empfinden ohne Kopf und seine Bewertung. Die Weisheit, die Intelligenz ist das, was in uns ist, und nicht das, was uns gelehrt und von uns erlernt wurde. Intelligenz ist diese Weisheit, die wir mitgebracht haben und durch unser LEBEN, unser SEIN verfeinert, geschärft und entfaltet haben.

Überheblichkeit ist das, wenn ich glaube, dass ich alles richtig gemacht habe, ohne die feinen, zarten Hinweise aus dem Inneren zu spüren, zu leben, anzuerkennen und aus tiefster Überzeugung sagen, bestätigen zu können, ja, DANKE für die hohe Intelligenz, die höchste Wahrheit.

Wenn ich ständig für meine Gedanken, Handlungen, Taten nach Erklärungen, Ausreden suche, Beurteilungen, Bewertungen, Analysen er- und anstelle, werde ich mehr als verwirrt, nicht mehr authentisch sein!

Ich bin nicht authentisch, wenn ich Klatsch und Tratsch brauche, Bestätigungen, Zustimmungen durch andere und nach Anerkennung lechze. Wenn ich mir selbst nicht genüge. Wenn ich durch vermeintliche oder tatsächliche Zurückweisungen mich gedrängt fühle, mich zu verteidigen, mich zu rechtfertigen versuche!

Wenn ich weder mit Denkbarem noch mit den fünf Sinnen begriffen habe, worum es wirklich geht. Nämlich um mich, ganz persönlich nur um mich – nicht um den anderen, was er getan oder nicht getan, veranlasst oder wahrgenommen hat. Ob er leibhaftig gelebt hat, wie ich gelebt habe. Wer Zurückweisungen erlebt hat, sollte zuerst mal ergründen = in sich hineinfühlen – was seine Weisheit für eine Erkenntnis parat hat. Die ganz alleine nur mich betrifft, was ich dadurch zu lernen habe.

★★★

Allen meinen Schülerinnen und Schülern danke ich für ihr Vertrauen, das sie mir entgegengebracht haben. JEDER Mensch – egal, wie beladen er gewesen sein mag, war eine Bereicherung. Manche Menschen durfte ich – so lange der Mensch es eben SELBST wollte – ein größeres oder kleineres Stück Weg begleiten. So manches Mal durfte ich durch die göttliche Kraft auf die Entwicklung, den Fortschritt eines Menschen Einfluss nehmen. Welch ein Segen, dies erleben zu dürfen, dies erkennen zu dürfen und den Menschen zu ermutigen weiterzuschreiten. An der eigenen Entwicklung sich zu erfreuen.

★★★

15 Jahre danach hat es begonnen, nicht mehr in deiner Zwiespältigkeit zu leben. In der Ganzheit zu existieren. Ich erzähle nun meine Geschichte. Ist ein Beweis meiner Existenz als gottgewolltes Wesen mit dir Kontakt aufzunehmen. Es lässt sich leicht unter Ulrich von Sachsen Anhalt nachlesen.

Namhafte Chirurgen versuchen mich zusammenzuflicken und mich wieder auf die Beine zu stellen. Es gelang ihnen nicht wirklich, ich blieb ein Krüppel, Zeit meines Lebens. Gerade da, als ich begann, meine Beine zu bewegen, kam die nächste Katastrophe. Ich wurde nochmals geprügelt und niedergeschmettert von Soldaten. Soldaten aus dem Heer der Schiiten. Aus dem Herr der Schließer. Man schoss auf mich, ohne mich treffen zu wollen. Jakl, mein Freund, hielt mich fest, um mir Stütze zu sein. Hilfe in dieser Situation, in dieser verteufelten, schrecklichen, ja scheußlichen Situation. Ich krabbelte mich wieder auf, lief, „lief“ mit meinen verkrüppelten, beschädigten Beinen, so gut es eben ging, nach Hause.

Dort angekommen, bekam ich einen Schwächeanfall und litt von da an noch an Sklerose. Die sich bald auch auf den anderen Körper ausbreiten sollte. Ich litt, litt still vor mich hin, ohne Hoffnung und ohne Toleranz meiner Umgebung. Selbst meine Eltern hielten mich eben nur für einen Krüppel ohne Anspruch auf Selbstständigkeit und auf Toleranz auf ein eigenes Leben. Ein gottgewolltes Leben. Ein von Gott gesegnetes Leben. Ein Leben voll von Toleranz, Liebe und Zuneigung meiner Schwester Sieglinde.

Diese war auch meinen Eltern verhasst, darob verhasst, dass sie sich mit einem Krüppel abgab. Der zu nichts nutze war, ja, den man nicht mal verheiraten konnte. So kam es bald zum Eklat mit meiner Schwester und mit mir. Wir wurden verstoßen und ausgesetzt. In eine Hütte verbannt. Niemand, niemand sollte von uns erfahren. Doch dann kam der Krieg, und man entdeckte uns als Geschwisterpaar in dieser verdreckten, unwürdigen Umgebung. Wir waren zu schwach, um zu reden und zu erzählen. So nahm man uns nun als Waisen, die die Eltern verloren hatten, auf. Von nun an ging es uns gut. Wir wurden zu Menschen gebracht, die uns ein menschenwürdiges Dasein ermöglichten, und wir hatten es gut. Sehr gut. Wir blieben nun dort. Bis wir selbstständig wurden und nach unseren Eltern Ausschau halten konnten. Wir wussten ja, woher wir stammten und wer wir waren. Unsere Eltern lebten jedoch in Saus und Braus ... und kümmerten sich nicht weiter darum, was denn aus uns geworden sei. Sie waren froh, nichts mehr von uns zu hören oder zu sehen. Dies sollte sich jedoch schlagartig ändern.

So kamen wir eines Tages als Geschwisterpaar zu ihrem Empfang, den sie zu Ehren des Konsuls von Spanien abhielten. Wir wurden nicht entdeckt, nicht gefragt. Wir wurden einfach nur so toleriert als Neuankömmlinge, die nichts zu bieten hatten. Wir waren also wieder in unserem Haus, in unserer Heimat, wo wir als Kinder aufgewachsen waren. Wir gestalteten uns dieses Dasein so angenehm wie nur möglich.

Es war ein lauer Abend, und wir konnten uns reichlich an den Früchten erfrischen und auch unsere Heimat neu erkunden. Jetzt war es an der Zeit, uns zu zeigen und zu erklären. Es gab einen Tumult um uns. Keiner wollte und konnte es glauben, dass wir es waren, dass wir in dieser Hütte überlebt hatten. Alles begann sich im Kreise zu drehen, einige Stühle und einige Dinge wurden einfach umgeworfen. Manche flüchteten aus Angst, aus Scham oder anderen Gründen. Es war noch nicht zu Ende. Unsere Eltern stritten natürlich ab, dass es uns noch gab. Wir seien in einem Sturm vom Baum erschlagen worden, und man habe ob dieses großen Unglücks in aller Stille von uns Abschied genommen. Keiner wusste, keiner sollte je erfahren, was sie uns angetan hatten. Sie haben es zwar bereut, aber nicht wirklich eigenhändig getötet zu haben.

So war es nun an der Zeit, dies nachzuholen. Was ihnen dann auch gelang. Also, das war mein Leben. Unser Leben. Es war auf der Erde zu Ende. Nun bin ich wieder hier, um dir diese Geschichte zu erzählen und sie damit allen Menschen zu Gehör zu bringen.

Als ich nun im Lexikon nachschaute, fand ich keinen Hinweis auf einen Ulrich von Sachsen ... aber bei Friedrich August III. hat es mir signalisiert, dass dieser Hinweis stimmte. Ich konnte bis zum jetzigen Zeitpunkt die Geschichte nicht wirklich finden.

★★★★★

On the Road – auf der Straße ... auf der Straße der Wahrheit, der Einfachheit, der Glaubwürdigkeit, der Selektion.

★★★★★

Den Magnetismus gibt ...

★

„Gelitten hat, viel gelitten hat“ – wie viele Menschen können das von sich sagen, wohl jeder kann sagen, dass er schon viel gelitten hat, wenn das auch nach einer gewissen Zeit zu verschwinden beginnt, die Intensität des Erlittenen abnimmt, so haben wir es doch gefühlt, erlebt, durchgestanden.

★

Das Programm neu gestartet – dadurch ist so mancher Fehler verschwunden. Ja, wir haben in uns schon oft das Programm neu gestartet und dadurch einen Fehler vermeiden können. Wenn es uns nur öfter gelänge, dieses Programm zu starten.

Natürlich, ich gebe dir Recht, wenn du sagst, die Vermeidung sollte öfter greifen. Ich stimme dir wirklich zu. Hast du aber schon mal darüber nachgedacht, was gewesen wäre, wenn ich das Programm ignoriert hätte. Ich kann es dir sagen, du wärst um eine Erkenntnis, Erfahrung ärmer gewesen. Also, nicht immer ist es gut, wenn wir einen Fehler vermeiden, es würde uns die Erfahrung fehlen, die Erkenntnis, das Wissen und vor allem das Lernen daraus. So ergeht es uns auch oft, wenn von uns liebgewonnenen Menschen versucht wird, uns durch ihre Erfahrungen zu helfen, so wie ich es im vorhergegangenen Absatz beschrieben habe. Also, bleibt beim Lernen, wenn es nötig ist, bleibt beim Zuhören und Erkennen, wenn es gut ist. Nehmt beides gleichermaßen aus tiefster Seele heraus auf. Es kann niemals ein Schaden sein, weil es eure ganz persönliche Entscheidung ist. Niemals durch die Entscheidung des anderen beeinflusst, manipuliert ist, aber vielleicht etwas abgekupfert. Dann hat es jedenfalls den Zweck erfüllt. Sprich mit dir im Klartext, erkenne, was du daraus gelernt hast. Lass dich nicht entmutigen von Bemerkungen, wie „Die oder der hat ein paranormales Verhalten an den Tag gelegt“. Es bleiben immer deine Wünsche, unbeeinflusst von herannahenden Ereignissen.

Mach dir Notizen oder male ein Aquarell, so wie es deinem Empfinden entspringt.

Auch dann, wenn große Diskrepanzen zwischen deinem Wollen und deinem Tun vorhanden sind.

Fühlst du, dass große Belastungen, Herausforderungen bevorstehen, dann solltest du mit deinen Energien haushalten. Also Ruhepausen einlegen, auch dann, wenn du das Gefühl hast, dass diese Ruhepausen deine Weiterentwicklung stoppen.

Ich neige dazu, in mir zu hören, dass es mich antreibt, weiterzuarbeiten ohne Unterlass, ohne Unterlass zu arbeiten, zu vervollständigen, zu erweitern. Ist es übertrieben worden, erhalte ich oft nachdrücklich einen Hinweis, sonst freue ich mich jedoch besonders darüber, dass ich wieder etwas vervollständigen durfte. Dass ich den Rest auch noch schaffen durfte. Auch eine wunderbare Erkenntnis. Ich der Stagnation entfliegen durfte. Dem Fortschreiten entgegenfliege. Ohne mich von äußeren Umständen aufhalten zu lassen.

Erkenne, dass niemand das Monopol auf eine Entwicklungsempfehlung hat, weil sie rein nur in deinem Inneren deines Selbst entsteht.

Für manche Menschen ist es sehr schwierig, aus sich herauszugehen. Diesen Menschen empfehle ich, sich durch Aufschreiben oder Zeichnen zu behelfen. Auch damit kannst du deine Bereitschaftserklärung abgeben. KEIN Wort und keine Zeichnung sind unnötig, sie helfen dir, deine Seele zu befreien. Nütze deine Begabung, den Reichtum deiner Begabungen. Dann bist du auch DEIN Garant für Fortschritt, Evolution, Erneuerung. Aktivität und Seriosität sind das Ergebnis deiner Bemühungen.

Vorinformationen und Eintritt der Vorhersagen

Erwarte bitte nicht, dass, wenn du Informationen erhältst, sie ganz genau und exakt sind. Nein, es ist eher so, dass du spielerisch auf Entdeckungsreise gehen sollst.

Zum besseren Verständnis gebe ich dir einige Beispiele.

★★★

20.08.1998 **Eine Wohnung, ein Heim für elternlose Kinder wird es geben. Du kannst viel dazu beitragen, dass es dazu kommt.**

Noch nicht eingetreten.

Du darfst dir ein neues Auto kaufen.

Neues Auto 2010.

★★★

Am 21.02.1999 schrieb ich in der Zeit zwischen 14:23 und 15:00 Uhr

Nahe bei dir wird es eine Katastrophe geben.

23.02.1999 „Die erste Lawine mit etwa 400 Metern Breite ging am 23. Februar 1999 gegen 16:10 Uhr vom nördlich von Galltür gelegenen Sonnberg ab. Die Abrissstelle lag in einer Höhe von ungefähr 2.700 Metern Seehöhe. Die Lawine, die sich mehrfach teilte, zerstörte zahlreiche Häuser und verschüttete über 50 Menschen, von denen etwa 20 relativ rasch geborgen werden konnten.“ (Wikipedia)

12.01.2005 **Orkane, Orakel, Nemesis**

14.01.2005 Orkan mit 181 km/h über Nordeuropa (Quelle Wikipedia- Internet)

Die folgenden Informationen kamen alle schon lange vorher, ohne dass ich irgendeine Ahnung hatte, welches Ereignis damit gemeint war. Die nachfolgenden Informationen betreffen ausschließlich New Orleans am 29.08.2005.

19.01.2005 **Orkan, Stürme ... Orkanartige Stürme ... zerstören ... Mengenweise ... es war jetzt so ein komisches Klopfen ... Häuser und Landschaft ... mir wird's ganz heiß ... phf ...**

17.04.2005 **Orkanartige Stürme verwüsten weite Teile der Küstenlandschaft**

23.04.2005 **Orkane, Orkan, Orkane**

01.07.2005 **Veranlassungsgewalt ... den Weg ... weiß nicht ... irgendwas mit Zerstören ... Rettermannschaft ... von Rettung ... Stab ... wie Krisenstab ... Stabmitte**

02.07.2005 **Aber das Auffanglager ... kann es doch ... Heimatverlorenheit.**

05.07.2005 **USS(A) Navy**
Himmelfahrt ... Himmelfahrtskommando ...
Hilfeschrei gewesen ...

... wir fühlen oft schon Katastrophen im Vorhinein ...
und können dadurch Rettungsmaßnahmen ergreifen ...
aber auch selbst verändern ... uns noch mehr
der Wahrheit zuwenden ...

09.07.2005 die Leiche gefunden worden ... Apokalypse =
Enthüllung, Offenbarung des Weltuntergangs
Aus dem Wasserteil heraus ... Verbrecherjagd ...
... ich mag aber nicht gehen ... die Lichter erloschen ...

11.07.2005 Orkanartige Stürme verwüsten große Teile der Küste ...
der Küstenlandschaft, orkanartige Stürme
hören niemals auf ... hm ... Weiß nicht, in Trümmern ...
oder ... sieht so verwüstet aus ...
Aufräumarbeiten dauern an

14.07.2005 Vor den Fluten geflohen ... Seufzer ...
und Hurrikan in New Orleans

25.07.2005 Stürme

27.07.2005 Ekelerregender Gestank ...

05.08.2005 die Kathrin

25.08.2005 Orkanartige Stürme verwüsten weite Teile der Flora,
der Fauna ... der Menschheitsbehausungen ...
des Erntedankes
Dramatische Zuspitzung der Situation ...
Leichenstarre eingetreten ... bereits eingetreten ...
Verheerende Ursachen Hurrikan – USA

26.08.2005 **Wirbelsturm / Hurrikan Katrina fegt über Florida, über Ölfelder ... große Schäden**

27.08.2005 **Ich erzähl dann gleich weiter ... aber jetzt ist momentan das Bild da ... bin in einer freien Natur ... es ist ... ich sehe keine Häuser ... aber ich sehe Masten ... und den Draht zwischen den Masten ... wieder sehe ich, wie Vögel ... in Größe von Krähen ... vielleicht sind es auch teilweise Krähen ... sich draufsetzen ...**
Ekelerregender Gestank ...

28.08.2005 Hurrikan Katrina – Evakuierungen

29.08.2005 16:00-17:00 >> Hurrikan Katrina fegt mit bis zu 240 km/h über Louisiana, New Orleans und Mississippi über die Küste bis ins Landesinnere. Sturm, Regen, gleichzeitig bis zu sieben Meter hohe Wellen. Bis zu einer Million Menschen sind geflüchtet, ein Teil befindet sich im Stadion, welches bis zu 77.000 Menschen aufnehmen kann. Allerdings wurde das Dach 2 x 2 Meter beschädigt, und es wird nass ... die Flüchtlinge werden in trockene Bereiche verlegt. Erst wenn der Sturm vorbei ist, kann das Dach repariert werden. Gullis in N.O. gehen über, Gräber wurden bereits ´96 höher gelegt. Bericht im ARD

Aufräumarbeiten werden Monate dauern.
30 Personen eines Altersheim in New Orleans – umgekommen, weil keine Hilfe kam, sie haben immer wieder um Hilfe gerufen.
Plünderer
New Orleans – es muss zu einer Zwangsevakuierung kommen – Hurrikan
Hurrikan New Orleans – Evakuierung

FOTO: US Government

Informationsausschnitte zu Katrina 2005:

Am 29. August 2005 wurde New Orleans von Hurrikan Katrina heimgesucht, der einer der vier schwersten Hurrikane war, die in den USA jemals gemessen wurden. Obwohl New Orleans nur von Ausläufern des Hurrikans in Mitleidenschaft gezogen wurde, brachen die Wände zweier Kanäle (nicht Deiche), worauf das Wasser des Lake Pontchartrain die Stadt fast vollständig überschwemmte. Auch die großen Wasserpumpen der Stadt fielen aus. Unterspülte Gebäude brachen zusammen, was die Situation deutlich verschlimmerte. Wasser, Müll und Schutt spülten in den als Notunterkunft genutzten Superdome.

Dieser war Ziel jener gewesen, die die Stadt nicht rechtzeitig verlassen hatten und dort auf die Verteilung von Wasser und Essen durch die Armee warteten. Zusätzlich verschlechterten Wasser- und Stromausfall die Bedingungen im Innern des Stadions.

Am 5. September 2005 wurde bekannt gegeben, dass der Deich zum Lake Pontchartrain repariert sei, jedoch das Abpumpen des Wassers mindestens drei Monate dauern werde. An einigen Deichen halfen vom deutschen Technischen Hilfswerk zur Verfügung gestellte Hochleistungspumpen. Am 6. September 2005 ordnete Bürgermeister Ray Nagin die Zwangsevakuierung der letzten in der Stadt verharrenden Einwohner an. Jeder, der nicht am Wiederaufbau beteiligt war, musste die Stadt verlassen, da die Gefahr von Seuchen bestand.

Am 20. September 2005 wurde New Orleans erneut evakuiert, weil befürchtet wurde, dass der Hurrikan Rita die Stadt in den nächsten Tagen überqueren würde, woraufhin die wenigen Rückkehrer die Stadt wieder verließen.

Mitte Oktober 2005 war die Stadt wieder trockengelegt. Doch musste die Bevölkerung am 18. Oktober auf eine weitere mögliche Evakuierung vorbereitet werden: Der Hurrikan Wilma, dessen Entwicklung zunächst ungewiss war, zog allerdings über Floridas.

31.08.2005 Kabelfernsehen einschalten – N-TV

Mississippi – Biloxi nicht mehr bewohnbar. Schwersten betroffener Ort. Hunderte von Toten, man kann keine ... Sturm/Hurrikan und dann die Flut, Seuchengefahr.

New Orleans: Es sind zwei Dämme gebrochen. 80 Prozent der Stadt unter Wasser. Tausende Menschen wurde aus der Luft aus ihren Häusern gerettet, auch einige mit Booten. In den Straßen versuchen die Menschen sich fortzubewegen, schwimmende Leichen und Chemikalien gefährden dies. Eine Frau, „Nicki“, hat den Hurrikan mit ihrem Mann im Haus überlebt. Es wurde total zerstört. Sie hatte immer diesen Wunsch, ein Haus am Strand zu haben. Vor zwei Jahren ist sie erst dorthin gezogen. Nun steht sie vor dem Nichts. Sie sagte am Schluss zur Reporterin, „ich wünschte, ich wäre religiöser, um an etwas GLAUBEN zu können“.

Ein Seuchenexperte spricht von verschiedenen Gefahren – Salmonellen, Typhus ... weil die Entsorgung von Fäkalien nicht gesichert ist.

Plünderer sind bereits unterwegs.
Auf einem Flugplatz versucht man nun,
für die Menschen Notunterkünfte zu errichten.

In Louisiana kann das Getreide nicht mehr verschifft werden

04.09.2005 Katrina ist noch nicht beendet.

Hurrikan ins Trockendock gebracht – verbracht ... es reicht ja schon, wenn die Menschen eine Lungenentzündung bekommen. Klein, klein kann nur geholfen werden. Klein, klein, nur ganz klein. Die seelische Verfassung ist das schlimmere Ausmaß der Katastrophe.

Die Psyche leidet still vor sich hin. Linderung gibt es nur im Glauben. Im tiefen, tiefen Glauben. Glaube an Gott ohne Konfessionen – es ist einfach nur der Glaube – an das höchste Wesen, das uns erschaffen und zur Vervollkommnung zur Erde zurückkehren hat lassen.

Ich nehme mir auch Zeit, mich etwas auszuruhen. Kraft und Energie zu sammeln, um meine Aufgaben optimal erfüllen zu können.

FOTO: NASA

05.07.2005 10:22 **Dennis ...**

08.07.2005 09:37

Mit 185 Stundenkilometer ist der erste Wirbelsturm dieses Jahres über Haiti hinweggefegt. Jetzt steuert Hurrikan „Dennis“ auf Kuba und die Südküste der USA zu. Mindestens vier Menschen kamen in Haiti um Leben, als in der südwestlichen Ortschaft Gran Goave eine Brücke einstürzte. In Les Cayes wurde ein Mensch von einer entwurzelten Palme erschlagen, die auf eine Lehmbehausung stürzte.

Drei weitere Personen wurden dabei verletzt. Mehrere Hundert Inselbewohner flohen vor drei Meter hohen Wellen ins Landesinnere. Der erste Hurrikan der Saison bewegte sich weiter in Richtung Kuba und wurde am Sonntag oder Montag im Golf von Mexiko erwartet. „Dennis“ werde in den kommenden zwölf Stunden wahrscheinlich weiter an Stärke zulegen, kündigten US-Meteorologen an. Möglicherweise werde er eine Geschwindigkeit über 200 Stundenkilometer erreichen. „Süddeutsche Zeitung“

09.07.2005 18:30

Hurrikan „Dennis“ wütet über Haiti – Kuba – Florida mit 220 km/h, 32 Tote, eine halbe Million Menschen sind auf der Flucht. SAT 1

28.01.2010 **Magistratsbesuch steht bevor.**

21.04.2010 Reisepass beantragt.

06.02.2010 **Nicht schon wieder im vorauseilenden Gehorsam agieren.**

03.05.2010

Österreich zahlt an die Griechen 2,3 Milliarden an Kredit ... ist erst am 19. Mai fällig. Euro-Länder unterstützen Griechenland: Finanzminister Pröll will die Banken mit ins Boot holen () New.at

---

16.02.2010 **Im Bereich Vancouver bereits Katastrophenalarm gegeben worden war, ist ...**

28.02.2010 01:02.

Die Welt wird aktiver ... Tsunami-Warnung für Vancouver. Der bei dem Erdbeben in Chile entstandene Tsunami bewegt sich auf die ... focus.de

---

16.02.2010 **Japan ist ebenfalls Katastrophengebiet.**

28.02.2010

Japan und Russland rüsten sich für Tsunami, Katastrophenzustand nach Beben in Chile. Netzleitung.de

★★★★★

16.02.2010 **Vision: Eine Stadt an einem Fluss.**
Im Zentrum gibt es ein tiefes, riesengroßes Loch (Grube), da wird gebaut –

31.03.2010 Als ich auf Besuch in der Schweiz war, habe ich das selbst gesehen.

★★★★★

19.02.2010 **Urananreicherung gibt ...**

23.02.2010

Teheran. Trotz Androhung von Sanktionen errichtet der Iran zwei weitere Urananreicherungsanlagen ... Kleine Zeitung

---

★★★★★

02.03.2010 13:47 **Weil die Finanzwirtschaftskrise ausbricht ...**

09.05.2010 Bankenrettungspaket Griechenland

Der renommierte Wirtschaftsexperte Prof. Dr. Wolfgang Gerke sprach es im letzten ORF-Report klar aus: Das Geld für die marode griechische Volkswirtschaft kommt nicht dem Staat oder gar der Bevölkerung, sondern Banken zugute. Wollte die Europäische Union wirklich Griechenland und seinen Bürgern helfen, wäre es sinnvoller Schulden zu erlassen. Internationales, Wirtschaft

⋆★⋆

03.03.2010 **Vesuv bricht aus, Schaden, größter Schaden wird angerichtet ...**

15.04.2010 Die Aschewolke des isländischen Vulkans Eyjafjallajökull entwickelt sich zum Dauerrisiko für den Flugverkehr in Nordeuropa.

⋆★⋆

13.03.2010 **Nach der OP – ist wohltuend, warum habe ich so lange gewartet – frage ich mich.**

04.05.2010 Ein ganz lieber Freund hat bei seiner Schulter eine OP machen lassen und er sagte genau diese Worte.

⋆★⋆

14.03.2010 **Einen Korruptionsskandal gibt es von einem breiten Ausmaß ... Hillebrand kursiert herum. Die Obergrenze der Belastbarkeit ist erreicht. Viel Unheil angerichtet hat... Inflation – Deflation?**

April 2010 Finanzkrise Griechenland – Szenario

Ernst Hillebrand – Während Nicolas Sarkozy in der Krise den Kapitalismuskritiker markiert, verharren die Sozialisten in steriler Neinsagerei. (Internet)

★★★

16.03.2010 **Magna Steyr gibt …**

16.04.2010 Magma-Kammer und: Wegen Vulkanausbruch im isländischen Eyjafjalla und seiner Staubwolke ist der Flugverkehr ausgefallen. Heathrow ist vollkommen geschlossen, auch Frankfurt wird geschlossen – Graz ist noch nicht geschlossen. Es sind rund 7000 Flüge ausgefallen (siehe auch weiter unten).

★★★

24.03.2010 **Schengenabkommen gecancelt wird …**
Mehrwertsteuererhöhung gibt, doch gibt …

Noch nicht eingetreten.

Schengenabkommen abgeschlossen,
verkehrt herum agiert hat …

Noch nicht eingetreten.

★★★

04.04.2010 **Die Kündigung kriegt …**

25.04.2010 Anruf von einem lieben Freund –
er hat die Kündigung seiner Wohnung gekriegt.

★★★

14.04.2010 **Die Passagiere ernüchtert wurden …**

16.04.2010 Wegen Vulkanausbruch im isländischen Eyjafjalla und seiner Staubwolke ist der Flugverkehr ausgefallen. Heathrow ist vollkommen geschlossen, auch Frankfurt wird geschlossen – Graz ist noch nicht geschlossen. Es sind rund 7000 Flüge ausgefallen.

★★★

18.04.2010 **In der Finanzkrise steckt**

26.04.2010 Griechenland ein schwerer Betrug nachgewiesen werden kann, Österreich im voreiligen, vorauseilende Gehorsam schon tätig geworden war … Finanzmärkte es jetzt schwer haben.

★★★

26.04.2010 **Im vorauseilenden Gehorsam …**

05.05.2010 Pröll pocht auf Athen-Hilfskurs.

Diese Informationen wurden von mir deshalb ausgesucht, weil sie für die meisten Menschenwesen eine ganz besondere Bedeutung haben bzw. das ganze Weltgeschehen beeinflussen oder beeinflusst haben.

Sei eine Kosmopolitin, ein Kosmopolit – ein Weltenbürger, egal, wo du auf dieser Erde wohnst, lebst. Fühle dich mit deinen Aufgaben verbunden und verpflichtet, freudig, mit Leichtigkeit, mit Freude.

Von Tausenden und Abertausenden werden diese persönlichen Entwicklungen akzeptiert, freudig angenommen. Es entsteht was NEUES, HILFREICHES, PRACHTVOLLES in dir.

Jede Begegnung mit dir selbst ist wie dein eigner Förderkurs. Du öffnest das Tor zur Wahrheit und Offenheit, es wirkt übergreifend in deine Weiterentwicklung. Stärkt deine Zuversicht, dein Durchhaltevermögen und den Umsetzungswillen.

Du kannst dich selbst potenzieren – steigern. Sei ein Ort der Begegnung mit dir selbst. Wenngleich du auch nicht alles verstehen kannst, vom Verstand her verstehen kannst, so haben aber deine Gefühle die Chance zu wachsen. Nirgendwo gibt es so viel Potenzial wie in dir. Deine Entwicklung ist unübersehbar groß.

Verlasse nicht den Weg der Gerechten, von Gerechtigkeit, Wahrheit + Wahrhaftigkeit.

Das Ziel ATREA, Teil 2

Jetzt ist der Zeitpunkt der Wandlung gekommen.
Jetzt hast du das Göttliche im Hier und Jetzt erreicht.

Aurora

Wir betrachten den Aufgang der Sonne, wir beginnen den Morgen, wir sagen dem Neubeginn herzlich willkommen. Wir wissen nun, wo wir stehen und dass jeder Schritt in eine Sphäre des Unbekannten, noch niemals Erforschten geht. Wenngleich schon viele Menschen diesen Schritt gegangen sind, so sprachen sie nicht darüber – zumindest ist es mir nicht bekannt. Ich kann mir aber vorstellen, dass jeder diesem neuen Erleben einen sehr hohen Stellenwert zuordnen möchte. Begierig nach vorne schauend, begegnen sie nun ihrem Weg, begegnen nun der Morgenröte. Versuche sie in dich aufzunehmen, ihr vollstes Vertrauen entgegenzubringen und sie zu bejahen. Wissend, dass es hier nur weitergehen kann, dass die ganz persönliche Entwicklung einen ganz besonderen, eigenwilligen und herausfordernden Beginn schafft.

Tätigkeit

Hier ist eine Tätigkeit gemeint, die NICHT mit dem täglichen Tun, mit der täglichen Tätigkeit zu tun hat. Es ist die Tätigkeit, das Wachstum in uns. Erst wenn wir fähig sind, die tägliche Tätigkeit mit der inneren Tätigkeit zu vereinen, gibt es ein Wachstum. Es lässt sich nach dieser Vereinigung alles viel besser, leichter, mit einer Selbstverständlichkeit erledigen. Diese Tätigkeit hat mit der bisherigen nichts mehr gemein, sondern bereitet sich auf ganz andere neuartige Herausforderungen vor.

Wir gestatten uns, ganz still zu warten – spürst du diesen Wind um deine Nasenspitze? Er haucht dir Kraft, Zuversicht und Vertrauen ein, um dich für diesen Einweihungsweg vorzubereiten.

Es ist kein Einweihungsweg, so wie wir ihn hier auf dieser Erde zu praktizieren versuchen, nach unserem eigenen Gutdünken, sondern es ist eine Vorbereitung – hin – dorthin … wo wir unser Zuhause einrichten werden. Es ist ein Hort der Stille, des ALLEIN-Seins mit uns und mit Gott, mit dem Göttlichen. Die Liebe strahlt aus unseren Poren, aus all unseren Poren, fließt aus unserem Herzen ins Universum. Wir bereiten hier ein Haus – es ist ein ewiges Haus für uns. Unsere Kräfte sind so mobilisiert, dass sie diese Errichtung, weil sie durch das Göttliche geführt wird, ohne jede körperliche, jedoch mit spiritueller Kraft erfüllen. Dieses Haus wird nur aus unserem ganz persönlichen spirituellen Fundament errichtet, erbaut. Sehen wir es … zeichne es … gestatte dir jede Gestaltungsmöglichkeit. Nimm all deine intuitiven Gefühle, die aufkeimen, auf … und lass dich, dein spirituelles Haus entstehen … so wunderschön, so passend, so heimelig und so stabil …

Bitte, lass alles zu … gestalte, forme …

Malen, Aufschreiben ist ein Ausdruck der Seele, motiviere dich dazu weiterzumachen …

Alle Winde umstreichen dein Zuhause, alle Sonnen strahlen und erhellen unentwegt dein Sein, dein göttliches Sein …

Richtungsweiser

Jetzt setzen alle göttlichen Hilfsmittel ein. Dein Gedankengut wird nun in die wesentlichen Veränderungen deiner selbst integriert. Ausgefeilt ist alles, was dir zukommt. Nimm es voll Dankbarkeit an …

Betrachte vielleicht den Pfeil und das Hinweisschild oder, oder … was auch immer da ist. Es ist für dich da, um dir die Richtung zu weisen. Alle Zweifel sind verschwunden, es gibt nur mehr Staunen, Erwachen, Begreifen, um weiterzugehen. Halte Ruhe und Stille für das größte Geschenk das du dir selber machen kannst.

Es begegnen dir das göttliche Licht, die göttliche Liebe, die göttliche Weisheit, die göttliche Führung. Bestimmt bist du schon dabei, dich auf diese Reise zu begeben. Dich selbst startklar zu machen. Es geht los, sobald du dazu bereit bist. Es hat keine Eile, denn Zeit gibt es hier nicht mehr. Aufmerksam folgst du nun diesem Richtungsweiser, der nur für dich dasteht. Folge ihm. Dein Vertrauen stärkt jeden weiteren Schritt. Das Vertrauen, das unbedingt erforderlich, notwendig ist, erfolgen kann und soll. Ich bin nun selbst zum Richtungsweiser einer hellen, lichterfüllten und verantwortungsbewussten Welt geworden. Ich verstehe die Tragweite, selbst dieser Wegweiser für diese unvorstellbar hell erleuchtete Dimension zu sein. Dimension – Dimensionen, die uns bisher noch verborgen und verschleiert waren. Jetzt habe ich mitgestaltet, so nach meinem göttlichen Vorbild.

Erkenntnisse

Die Erkenntnisse, die ich auf meinem Weg hierher erfahren durfte, können mich mit der göttlichen Weisheit und Allmacht verbinden. Alle Zweifel, die vorherrschend waren, gibt es nun nicht mehr. Sie sind ersetzt worden durch die Sicherheit in mir. Der weitere Verlauf dieses Erlebens wird mit diesen von uns gewonnenen Erkenntnissen erfüllt und aufbereitet. In einer Form von Freude, Glückseligkeit und tiefem, tiefem Selbstvertrauen, dem göttlichen Vertrauen in mir! Ich weiß aber auch, ich bin mir sicher, dass jede Erkenntnis, die ich gewonnen habe, hier zum Einsatz gebracht werden soll. Damit auch alles mit Klarheit und Wahrheit aufgefüllt und erfüllt werden kann. Es ist unsere Klarheit und Wahrheit.

Vertrauen … Vertrauen … Vertrauen …

ANIMA

Die Seele ist jetzt angekommen, erfährt die Einweihung, das Aufnahmeritual wird nun vollzogen. Meine Bereitschaftserklärung, meine Zustimmung habe ich bereits abgegeben. Ich bin an meinem Ziel angekommen.

Frohlocke, meine Seele … steige empor in die Dimension der Auserwählten, der Vollkommenen, der Eingeweihten. Es ist nur mehr EINHEIT – Vollkommenheit – Glückseligkeit – Freiheit …

Anima = Seele, du bist jetzt diese Seele, in einer wunderbaren Form, es ist unaussprechlich. Kannst du es fühlen?

Einweihung –

Ich bitte dich, dass du die Hände mit den Innenflächen nach oben hältst.
Ich überreiche dir, liebe Seele, Seele Name, das Atrea …

Liebe Seele >> *Name* <<, erlaube mir, dich auf deinem Weg zu begleiten.

> Die Erde hast du dir auserwählt, deine Aufgaben zu erfüllen.
> Deine Seele hast du dir auserwählt, um in den Aufstieg zu gehen …
> das Christusbewusstsein.
> Deinen Geist hast du dir auserwählt, um in die Klarheit
> und Wahrheit zu gehen.

Und nun bist du dort angekommen, am Höchsten – du trittst ein, mit all deinem göttlichen Sein. Und du wirst eins. Atrea wird dich auf diesem Weg begleiten. Spür sie in deinen Händen, in deiner linken Hand – Atrea … in deiner rechten Hand – Atrea.

Atrea – gibt dir die nötige Stabilität und Kraft.

Atrea – gibt dir die Zuversicht und Sicherheit. Und das Selbstvertrauen, das du auf dem richtigen Weg bist.

Atrea – lässt deine Weisheit immer intensiver, immer größer und größer werden.

Atrea – du bist die Vollendung. Du bist angekommen.

Voll Demut und Dankbarkeit verneige ich mich vor dir,
du göttliches Wesen, und danke dir für dein Vertrauen.

Wüsste jeder um sein inneres Licht,
um wie viel heller wäre die Welt.

Was sagt dir das? Regt es dich nicht zum Nachdenken an? Mich schon.

Ich habe dieses Lesezeichen bei meinem Standkalender angehängt, weil es mich jeden Tag daran erinnern sollte, dass ich in mir mein Licht erzeugen soll, um dann auf meine Umwelt auszustrahlen.

Ist das nicht ein wunderbarer Gedanke? Fühle in dich hinein.

Ich sehe nun schon einige Menschenwesen, die diesen Spruch abschreiben. Er möge auch für dich diese Bedeutung erlangen, die er für mich erreicht hat. Vielleicht hat er aber auch auf dich eine ganz andere Wirkung gehabt. EGAL – es ist DEIN Empfinden. Was es auch immer auslösen mag. Freude, Zuversicht Antriebskraft oder, oder … oder …

Ein Zusammentreffen der geistig–spirituell Suchenden und Findenden gibt es SICHER! Ob es diesseits oder jenseits der Schallmauer stattfindet, das ist nicht so wichtig.

Einsiedeln, 03.05.1998

Wo immer wir sind, ist Liebe, Licht und Freude.

Traurigkeit zeigt uns den Weg zu Freude.

Verlassenheit zeigt uns den Weg zur Geborgenheit.

Unendlichkeit zeigt uns den Weg zur Gemeinsamkeit.

Liebe zeigt uns den Weg zur Harmonie.

Licht zeigt uns den Weg zum Frieden.

Sterne zeigen uns den Weg zu Gott,
sie sind greifbar nahe.

Wo Liebe ist, hat Traurigkeit keinen Platz.

Wo Freude herrscht, gibt es keine Verstimmung.

Wo Gnade herrscht, gibt es kein Verzagen.

Wo Segnungen sind, gibt es keine Mutlosigkeit.

Wir ersetzen alle Gefühle der Belastung mit Liebe, Licht,
Zuversicht, Frieden, Freude, Dankbarkeit, Anerkennung,

Achtung. Von Gottes Liebe erfüllt zu sein bedeutet,
in uns zu sein. Grenzenlose Liebe und Treue,
Harmonie und Dankbarkeit.

Diese Gedanken und vieles mehr prägten die Zeiten, die ich mit Stefan von Jankovich in Einsiedeln bei Meditations-, Fasten-, Schweige-Seminaren erfahren durfte.

September 2005

Ich besprach eine CD – LAIENHAFT, dennoch erhoffte ich mir ein positives Echo. Und natürlich hatte ich auch ein Interesse, diese professionell zu vermarkten. Außer dass man mir empfahl, sie in meinen Seminaren zu verkaufen, und dass sie mit Arbeit eingedeckt seien, kam nicht wirklich eine Zusage.

Aufnahme für den Verlag – statt eines Schreibens ...
Liebe Verlagsmitglieder, liebe Profis.
Hier nun meine Originalstimme zum Hineinhören.

Es möge uns das göttliche Licht die Freiheit, den eigenen Willen, die eigene Entscheidung lenken und führen und unsere Weiterentwicklung in diesem Leben fördern. Es möge uns das göttliche Licht, die bedingungslose Liebe unsere Aufgaben erkennen lassen und frei von Zweifeln und Angst umsetzen helfen. Es lehrt uns das göttliche Licht, so zu sein, wie wir sind in all unseren Auswirkungen, Umsetzungen und Erfolgen. Mögen Sie, liebe Zuhörerinnen und Zuhörer, diese Liebe spüren und sie im täglichen Leben ihre durchaus anerkennenswerte und verantwortungsbewusste Aufgabe erfüllen helfen. In diesem Sinne einen lichterfüllten und erfolgreichen Tag, eine erquickende, erholsame Nacht wünscht ihnen ganz herzlich und voll Demut vor ihrem göttlichen Sein ihre sehr ergebene Renate Angela Seraphine.

P.S.: Probieren Sie doch einmal die beiden anderen CDs beim Einschlafen oder auch einfach nur so als Hintergrundgeräusch aus. Schauen Sie mal, beobachten Sie Ihr Wohlbefinden. Alle Texte, auch die nachfolgenden, wurden nicht bewusst geschrieben.

Liebe Damen und Herren, werte Verlagsmitarbeiter. Vielleicht habt ihr Zeit und Muse und könnt meine CDs anhören. Wenn es euch jedoch nicht gelingt, dann lasst die CD einfach, während ihr arbeitet, im Hintergrund als eine Art Untermalung laufen. Ohne bewusst hinzuhören. Ab und zu werdet ihr vielleicht bewusst ein Wort hören, darauf solltet ihr jedoch dann doch aufmerksam reagieren, ja es vielleicht aufschreiben. Und irgendwann wird es klick machen und ihr werdet meinen, das hat was.

Also, einfach ausprobieren ohne Druck, Muss, Krampf ... einfach nur so frei schwingen lassen ... und schauen, wie ihr euch dann danach, am nächsten Tag, fühlt. Es könnte jedoch auch sein, dass ihr plötzlich Gefühlsregungen habt, die ihr lieber versteckt, gar nicht ausleben möchtet, ja euch sogar für solche Gefühle geniert. Wenn ihr sie zulässt, werden sie euch nicht weiter quälen, ja, um das Zulassen geht es. Also dann, viel, viel Erfolg und Freude. Ich würde mich sehr freuen, von euch zu hören.

Nochmals möchte ich ausdrücklich betonen, dass die Texte frei – ohne jegliche Unterlage, Vorlage – gesprochen wurden. Einfach nur, was kam, so sollte es auch einfach passieren. Die Qualität ist natürlich auch nicht dem jetzigen Stand der Technik angepasst. Es ist ein einfaches Minidisc-Gerät, mit dem diese Aufnahmen gemacht wurden. Und auf eine CD extra für Sie gebrannt. Ohne Kaschieren, ohne Manipulation.

Ich weiß selbstverständlich, dass man so eine CD nicht vertreiben kann, aber ich hätte einfach gerne eure geschätzte Meinung, euer Gefühl, euer Empfinden gewusst. Danke fürs Zuhören und Gottes Segen für eure Tätigkeit.

Vielleicht besteht ja ein so großes Interesse, dass man mit mir eine Aufnahme machen möchte. Das wäre natürlich ein Traum.

Ewiger Gott und Vater, wir danken dir für deinen Segen ... es mag sein, dass so viele Dinge danebenlaufen, schieflaufen, es ist Gottes Wille, dass es so ist, um unsere Bewährungsproben zu erfüllen. Ja, es war wirklich eine Bewährungsprobe, denn ich bekam entweder gar keine Antwort oder eine Ablehnung, oder ich bekam meinen Brief ungeöffnet zurück.

Immer wieder wiederkehrend ist ...

Meditation – die Informationen kommen so peu à peu – es gibt keine Pausen. Es fließt einfach so. Es ist auch für mich jedes Mal ein neues Erlebnis, da ich niemals im Vorhinein weiß, was kommen wird. Und auch nicht, wie lange diese Meditation dauert. Welche Anweisungen, Hilfestellungen etc. gegeben werden.

Die folgenden Meditationen sind auf CD erhältlich.

„Geschenk an mich"

Wir setzen uns auf den Boden und machen unsere Atemübungen.
Wir atmen ganz normal ein und aus.

Und nun atmen wir tief ein, über das Scheitelchakra herein in alle Zellen unseres göttlichen Seins, hinein in unseren Bauch.

Göttliches Licht erfüllt uns. Ich bin Licht. Ich bin Gnade. Ich bin Entfaltungsmöglichkeit. Ich bin Befreiung. Ich bin göttliches Licht – und

(Pause)

Und wir atmen wieder ein –
Ich bin Damoklesschwert Abwendung. Ich bin Segen und Gnade. Ich bin Erlösung. Ich bin Reinheit. Ich bin Segen und Heil. Ich bin Freude. Ich bin Reinheit.

(Pause)

Wir atmen wieder tief ein und stellen uns vor … dass die göttliche Weisheit über unser Scheitelchakra alle Zellen unseres Köpers, alle Zellen unserer Seele und alle Zellen unseres Geistes erfüllt.

Wir atmen wieder ein und fühlen das göttliche Licht in und um uns.
Ich bin Dankbarkeit und Freude, Segen und Heil. Ich bin Erlösung. Ich bin Weisheit. Ich bin Dankbarkeit. Ich bin Freude.

(Aus)

Wenn du möchtest, könntest du dich hinlegen, auf den Boden oder auf die Couch.

Wir sind das göttliche Licht und die göttliche Führung.

Wir sind im Hier und Jetzt und gleichzeitig mit dem Göttlichen, mit dem Universum verbunden.

Wir sind Segen und Heil.

Erlösende Wahrheit, befreiende Erkenntnis, beglückende Umsetzung.
Es ist das göttliche Licht in uns, um uns und aus uns.

Ich strahle das göttliche Sein aus.

Wer auch immer dich beglücken mag, nehme es voll Freude und Dankbarkeit an. Um gleichzeitig die Hoffnung, den Wunsch und die Sehnsucht in dir zu verspüren, mehr davon zu bekommen.

Das größte Glück, die größte Liebe und das größte Geschenk bist du selbst an dich.

Voll Dankbarkeit nehme ich die Wahrnehmungen, Empfehlungen an, und voll Vertrauen an die göttliche Führung und vor allem an mich selbst handle ich.

Du bist selbst das größte Geschenk an dich.

Zeit für dich … hat die größte Bedeutung und die größte Wirkung.

Kein Geschenk von anderen Menschenwesen ist
so wertvoll wie das Geschenk der Zeit an dich.

>>

>> „Geschenk an mich“

Die Liebe zu dir selbst hält wesentlich länger als die Liebe von anderen Menschen ... sie ist immer nur vorübergehend, auch wenn sie nicht so empfunden werden kann.

Wir sind nicht immer bereit dazu, die Liebe eines anderen Menschen wahrzunehmen.

Sie manifestiert sich, oft in Kleinigkeiten, versteckt, ohne verbalen Ausdruck, nur eine Geste.

Deshalb ist das Geschenk, das tägliche Geschenk, das tägliche bewusste Geschenk an mich selbst das Wertvollste.

Nichts und niemand, wirklich niemand ist so wichtig wie dieses Geschenk an dich.

Es stärkt dich, es stärkt dich, es stabilisiert dich.

Mangelndes Selbstvertrauen und Wertschätzung verstärken die Sehnsucht nach Liebe, nach Zuwendung, nach Aufmerksamkeit von außen. Die sich sehr oft nicht erfüllen kann und wird.

Das, was du dem Geringsten deiner Brüder getan hast, hast du selbst getan. Wenn wir das hören, bekräftigt es uns, anderen Gutes zu tun. Und lässt die Zuwendung, die Zuwendung zu uns selbst zunichte machen.

Desto bewusster wir hinhören – „Liebe deinen Nächsten wie dich selbst“...

Umgekehrt gesagt, liebe dich selbst, dann liebe den Nächsten.

Gemeinschaftliches wird dann herbeigesehnt, wenn man sich selbst nicht genügt.

Wir lösen jetzt diese Meditation auf, um an unser Tagewerk zu gehen.
…. mit einer Selbstverständlichkeit diesen Weg gehen …

Leben mehr auf Gedankenblitze, die Aufmerksamkeiten lenken …

Sich selbst sagen – das habe ich erledigt …

Gedanken nicht verscheuchen … JA sagen …

Ärger über sich selbst … nicht über die Ursache –

Die Zustimmung, mich selbst zu leben …
JA gesagt …

Nach Jahren ebbt das Hoch und Tief ab …
und es wird zum Gleichklang.

„Der Raum“

Es ist mein Raum, den ich jetzt betrete. Es ist mein Raum, den ich für mein körperliches Wohlgefühl gestaltet habe. Ich sehe mich um und sehe Blumen und einen Stuhl und ein Bett, einen kuscheligen Teppich. Es ist einladend. Eine wunderschöne Lampe steht im Eck, mit einem großen, großen Lampenschirm, der ganz viel Licht ausstrahlen kann.

Es verträgt sich gut mit meinem Licht, das ich ausstrahle. Ich spüre eine sanfte und ruhige Freude in mir. Ich gestalte noch etwas anderes hinzu, etwas, worauf ich noch etwas ablegen kann.

Es ist ein kleines Schränkchen mit vielen Laden. Diese Laden beginne ich jetzt zu bezeichnen. Jede Lade bekommt einen eigenen Namen, eine eigene Bezeichnung.

Jede Lade ist noch leer. Sie ist leer und bereit, dass sie aufgefüllt wird, dass ich dort was ablegen kann. Es gibt auch noch andere Laden, die ohne Bezeichnung sind, die ich frei zur Verfügung habe. Genügend Platz für alles, was ich hier hineingeben möchte. Ich stelle mich zuerst auf diesen kuscheligen Teppich, der ist so hochflorig, dass er so richtig meine Zehen umhüllt.

Lustig ... es steht dieser Flor sogar zwischen meinen Zehen heraus. Es macht mir Spaß und Freude, eine kindliche Freude. Aber auch ein Erstaunen. Nun setze ich mich auf diesen Teppich, er ist einfach wundervoll, so weich, so angenehm, so einladend ... AH... Ja, ich kann mich fallen lassen, ich strecke meine Arme aus und lege mich jetzt auf diesen kuscheligen Teppich.

Ach, ich genieße das, ich fühle, wie die Sonne mich bestrahlt. Wieder spüre ich Wärme, angenehm umflutet sie mich. Ich genieße es, ich lasse es einfach nur geschehen. Ich bin einfach nur. Ich bin. Das körperliche Wohlgefühl unterstützt mich dabei, auch das innere Wohlgefühl herzustellen.

Ich sehe über mir ganz viele Schnüre, noch weiß ich nicht, was ich damit anfangen soll. Ich beginne nun, in mein Inneres hineinzugehen. Um auch hier diese Räumlichkeiten schön zu gestalten.

Ich sehe da etwas liegen, ich frage nicht danach, was das genau ist. Ich nehme es einfach und gehe zu einer Schnur, dort binde ich es an und ziehe es einfach aus meinem inneren Raum heraus. Es geht ganz leicht.

Wieder ist da etwas, was ich in meinem Raum nicht mehr haben möchte. Es widerspricht meinem Schönheitsempfinden, ich mache dasselbe. Ohne zu fragen oder nachzusehen, was es ist. Es ist für mich bedeutungslos geworden.

Ich gehe wieder zur nächsten Schnur und binde sie an und ziehe es heraus. Auch das geht ganz einfach vonstatten. Mehr noch, es verbreitet sich in mir das Gefühl, ich kann mich jetzt in diesem Raum ausbreiten.

Es ist ein Schrank, ein riesengroßer Schrank im Eck. Was mache ich mit diesem Schrank, er gefällt mir nicht mehr. Und er ist so, so schwer. Ich überlege gar nicht lang und hol mir wieder diese Schnur und binde sie um diesen Schrank. Zur Sicherheit hole ich mir noch ein Stück Schnur und binde auch an einer anderen Stelle diese Schnur herum, um diesen Schrank.

>>

Ich fühle, ich denke, das geht auch ganz leicht, ich habe doch zwei Absicherungen für mich gemacht. Ich gehe und ziehe an, es geht aber nicht so leicht, wie ich es mir vorgestellt habe. Ich ziehe eben nur an einer Schnur. Es ist notwendig, auch noch am anderen Ende anzusetzen und zu ziehen. Also ziehe ich auch bei der anderen Schnur.

Der Schrank verkantet sich, weil ich unregelmäßig ziehe. Ich stelle mich hin, vor diesen Schrank, und nun spreche ich mit ihm: DU BIST MIR IM WEG! Ich möchte dich **nicht** mehr hier haben, ich habe das **Recht**, dich zu entfernen, um Freiraum für mich zu schaffen, neu zu gestalten. Ich bin bereit, auch größere Anstrengungen und Widrigkeiten auf mich zu nehmen, um dich zu entfernen. Ich schaffe es.

Ich habe das Gefühl, dass dieser Schrank einfach zu groß ist. Ich hole mir ein Hilfsmittel, einen ganz großen Schraubenzieher, und schraube diesen Schank einfach auseinander.

Jetzt merke ich, welche Hilfe ich mir selbst gegeben habe. Beginne, bei diesem einen Teil zu ziehen. Er ist schon schwer, auch dieser eine Teil allein. Doch meine Überzeugung, dass ich das jetzt schaffe, hilft mir so dabei, dass ich anziehe, und schleppend, aber sicher geht es doch. Vielleicht am Ende noch mit einem Ruck.

So … nun habe ich diesen einen Teil auch schon herausgezogen. Jetzt fehlt der 2. Teil.

Ich spüre, da ist noch was drinnen … in diesem Schrank, der ist doch gar nicht leer. Der hat Bücher drinnen, die schwer wiegen. Ich gebe die Schnur weg und mache die Tür auf. Ich nehme die Bücher einzeln heraus. Und lese, was daraufsteht.

Brauche ich das? – Nein, ich gebe es weg. Sagt mir das nächste Buch was, nein, nicht wirklich. Ich gebe es weg.

Das Bedrückende, das das nächste Buch ausstrahlt. Ich schaue es mir an … Ja … es hat eine eigenartige Wirkung auf mich. Eine Wirkung, die Traurigkeit in mir aufsteigen lässt. Aber auch Kummer, Leid. Ich lege es weg, ich lege es heraus. Lege es aber extra, nicht auf den anderen Stapel.

Ich gehe weiter und sehe, da ist ja noch ein großes Buch! Du meine Güte, Gott, ich bitte dich, das brauche ich doch nicht mehr. Aber es ist so schwer. Ich betrachte das Buch, ich mache es auf, ich blättere darin. Es fällt mir auf einer Seite ein Wort auf. Es steht ganz groß über die ganze Seite geschrieben. VERGEBUNG! Wie ich dieses Wort Vergebung lese, ha … spüre ich eine Erleichterung. Und ich kann auch dieses Buch nehmen und zur Seite legen. Auch davon habe ich mich jetzt befreit.

Noch immer ist da was in diesem Schrank. Es ist auch ein großes Buch, ein schweres Buch, es hat mir doch einmal so viel bedeutet. Will ich das ansehen, oder will ich es gar nicht ansehen?

>>

Ich weiß es nicht, ich kann mich einfach noch nicht dazu entschließen. Ich räume zuerst die anderen Dinge weg. Die zwei kleinen Bücher, hole sie leicht mit einer Schnur heraus, jedes Einzelne. Das große Buch, das Kummerbuch, das Traurigkeitsbuch, das ist schon wieder schwieriger.

Aber auch das kann ich gut festmachen, in der Überzeugung, dass ich es wirklich nicht mehr brauche. Ich binde es an und ziehe es heraus, es schleift und kantet rundherum, aber ich schaffe es. So, nun gehe ich wieder zu diesem Schrank. Soll ich jetzt dieses Buch herausnehmen ... oder soll ich es überhaupt nicht herausnehmen und gleich mit dem Schrank entsorgen? Noch weiß ich es nicht.

Dass der Schrank wegkommt, das ist schon sicher. Mit dem Buch, da bin ich mir nicht so sicher. Der Schrank würde leichter werden, wenn ich auch dieses Buch entferne. Es ist das Buch des Lebens. MEIN BUCH! Viele Seiten sind beschrieben, viele Notizen, viele Erinnerungen, viele Vorkommnisse, viele Situationen tauchen auf.

Wie fühle ich mich dabei? Plötzlich sehe ich, wie einige Seiten einfach leer werden. Frei werden. Völlig ausgelöscht ist, was hier gestanden hat. Ich bin verblüfft, ich bin erstaunt, und ich bin auch sehr, sehr erfreut. Ich bin mir gar nicht mehr sicher, was da gestanden hat. Aber ich weiß, durch dieses Buch der Vergebung sind auch hier viele Seiten ausgelöscht.

Und darin werden mehr und mehr und mehr weiße Blätter, in diesem Buch. Und plötzlich ist dieses Buch nicht mehr so schwer. Ganz wenige Dinge stehen jetzt noch drinnen. Und dieses Buch freut sich darüber, dass es nicht mehr mit so vielen Schwierigkeiten, Lasten und Belastungen vollgefüllt ist.

Es ist parat, es steht da. Ich habe nun diese Wertschätzung diesem Buch gegenüber. Es ist mein Buch des Lebens. Also nehme ich dieses Buch heraus und lege es auf einen wunderbaren Buchständer, auf ein richtiges Pult.

Jedes schöne Erlebnis, jede Begegnung, die ich hatte, jede Begegnung werde ich nun in dieses Buch hineinschreiben. Und es wird das Buch, das ich auch dann bei meinem Abschied mitnehme. Mit einer Sicherheit, mit einer Freude, weil all das, diese Aufgaben, erfüllt wurden. Ich freue mich über dieses Buch und über die Schönheit dieses Buches. Weil diese Schönheit, diese Reinheit, diese Wahrheit, diese Wahrhaftigkeit und diese Göttlichkeit bin ICH.

Nun entsorge ich noch den unteren Teil des Schrankes, ganz leicht, als wäre das bloß eine Feder. Ich ziehe diesen Schrank heraus und kann ihn damit entfernen. Ich betrachte jetzt meinen Raum. Dort, wo diese wunderschöne Lampe gestanden ist, gibt es nunmehr ein ganz natürliches Licht.

Es ist mein Licht, das ich ausstrahle. Dieses Schränkchen, das ich mir so sorgfältig vorbereitet hatte, hat nun seinen Zweck erfüllt. Ich weiß jetzt was ich in dieses Schränkchen, in diese Laden hineingebe. Alle Dinge, die zu erledigen sind, teile ich jetzt auf. In jede Lade. Was mir so gerade einfällt, gebe ich hinein. Ich beschrifte sie auch. Ich spüre, wie gut es mir tut.

Welche innere Leere ich jetzt habe. Gleichzeitig die Bereitschaft zuzuhören. Was aus meinem Inneren hochsteigt, sich manifestieren möchte. Und so gebe ich das hier – hier in diese Lade hinein, und ich bin überzeugt, wenn es so weit ist, dass ich zu diesem Schränkchen gehe und irgendeine Lade … obwohl beschriftet, intuitiv öffnen und diese Angelegenheit in Angriff nehmen werde. Ganz spontan, ohne Vorbereitung, ohne Kopfdenken. Nur aus dieser wunderbaren Schwingung, Stimmung, Einstellung, Bereitschaft heraus.

Ein großes JA steht jetzt über diesem Schränkchen. Ganz groß geschrieben. Ich habe JA gesagt. JA zur Erfüllung meiner Aufgaben, JA zu meinem göttlichen Sein.

DANK SEI GOTT, DEM HERRN.

Es beginnt in uns hell zu werden, und wir verlassen diesen Raum und kommen nun zurück ins Hier und Jetzt. Mein Raum ist erfüllt von vielen violetten Punkten, wie Schneeflocken, aber eben violett. Es ist ein Raum der Bereicherung.

„Aurora"

Aurora heißt Morgenröte, in diese Morgenröte gleiten wir hinein, mit all unserem bisherigen Wissen, mit unseren Erfahrungen, mit unseren schönen, herausfordernden Erlebnissen, mit all unseren Aufgaben. Wenn wir uns dessen bewusst sind, wie wichtig für uns diese Herausforderungen sind, erkennen wir, welch große Freude wir dadurch und damit erleben dürfen.

Erkennen können, wo wir stehen, wie weit wir schon in unserer Entwicklung sind. Natürlich ist es so, dass wir immer wieder, was wir tun, was wir erkennen, was wir erlebt haben, was wir erfolgreich durchgeführt haben oder überhaupt nicht durchgeführt haben – nicht immer erscheint es uns als erfolgreich. Der Beweis wird erbracht, welch großartige Wesen wir sind. Wesen, die durch die göttliche Führung und mit der göttlichen Unterstützung und Hilfe durchstehen durften. >>

Wir sollten jedoch niemals vergessen, dass das Göttliche in uns ist und wir das Göttliche sind. Also sprechen wir mit uns selbst. Wir bestehen aus Körper, Seele und Geist, wir vereinigen diese drei, diese sehr oft sehr, sehr unterschiedlichen Teile unseres Selbst. Es liegt in uns, dies tagtäglich immer wieder zu vereinen. Wir sind, was wir denken, wir sind, was wir fühlen, wir sind, was wir tun. Und das bringen wir in Einklang. Wie die aufgehende Sonne, die Morgenröte, so sollten wir auch jeden Tag aufstehen, auferstehen. Jeden Tag mit Körper, Seele und Geist den Tag begrüßen, mit all seinen Vorkommnissen, mit all seinen Situationen und mit Freude.

Wir klammern für uns alle Ängste und Zweifel aus. Indem wir sagen, ICH BIN! Ich bin das Göttliche, ich bin Freiheit, ich bin Wertschätzung und ich bin Umsetzung. Ich vertraue auf mich, ich vertraue auf Gott, der in mir ist und ich eins mit ihm bin, mit GOTT!

Also stärkt es mich und lässt mich mutig und freudig den Tag beginnen und voll Dankbarkeit den Tag beenden. Es ist völlig unnötig, daran zu zweifeln, dass wir irgendetwas nicht schaffen könnten. Wir schaffen es. Wir schaffen alles. Und es ist alles ein Erfolg. Auch wenn es nicht mit unseren Vorstellungen konform geht, wie sich diese oder jene Situation erfüllen sollte. Aufgelöst werden sollte. Wir sind oft gefangen in unseren Vorstellungen und in unseren Wünschen und lassen deshalb die göttliche Weisheit, die in uns ruht, nicht zu Wort kommen. Und sind auch manches Mal enttäuscht, wenn es nicht so eingetreten ist, wie wir es uns ersehnt, erwünscht, erdacht haben.

Es mag uns vielleicht manches Mal – an diesem Tag – und auch in den folgenden Tagen immer noch als Misserfolg erscheinen. In weiterer Folge, vielleicht oft Tage, ja Monate oder Jahre später, wissen wir, dass wir damals richtig entschieden haben. Dass es wichtig war für uns selbst, für unsere Weiterentwicklung, für das Erfüllen unserer Lebensaufgaben.

Wir sind oft viel, viel zu kleinlich mit uns selbst, engstirnig, ja viel zu kritisch mit dem von uns selbst Geleisteten. Es erscheint uns immer wieder ein viel ZUwenig zu sein, was wir an diesem Tag geleistet haben. Wir hätten doch noch viel mehr, das und das und jenes erfüllen können. Wir vergessen aber dabei, dass dann ganz viele Erfahrungen, Entwicklungen nicht möglich gewesen wären. Wenn wir es mit einem Eurofighter durchflogen wären statt mit der Bimmelbahn von einst.

Es ist wunderschön, wenn ich den Sonnenaufgang, die Morgenröte am Himmel sehe. Ich kann es in vollsten Zügen genießen, ich kann mich erfreuen und erbaut sein von dieser gewaltigen Darstellung, die wir kaum oder gar nicht in Worte fassen können. Es gelingt uns einfach nicht, weil es so erhebend war. Es ist keine Frage, dass es wirklich wunder-, wunderbar ist. Haben wir jemals versucht, diese Morgenröte, dieses Aufstehen, diese Auferstehung in uns zu betrachten und anzusehen? Hätten wir das jemals gemacht, wüssten wir, dass es dem Naturgeschehen am Himmel in nichts nachsteht. Nicht weniger ist, vielleicht noch gewaltiger, noch erhebender, noch faszinierender, noch gigantischer, und es deshalb noch weniger möglich ist, es in Worte zu fassen. Erleben wir jetzt den Sonnenaufgang, die Morgenröte in uns … aufgehen …

>>

>> „Aurora“

Wir selbst sind die Sonne, wir selbst sind die Morgenröte, wir selbst strahlen die Wärme aus und erwärmen dadurch die Herzen anderer Menschen, erhellen ihre Seelen, befreien ihren Geist nur mit unserem Sein. Oft ohne Worte, ohne Geste, ohne irgendeine Handlung, einfach nur sein.

Dadurch können wir oft gewaltige, schreckliche, furchterregende Begegnungen mildern. Oder vielleicht sogar auslöschen, völlig verhindern. Es mag uns auch manches Mal Kraft kosten, eine riesige Herausforderung für uns darstellen, so zu leben. Der Begegnung ohne Furcht, ohne Angst, ohne Zweifel entgegenzutreten. Unsere Stabilität, unsere Liebe, unsere Festigkeit zu dokumentieren. Stellte es keine Herausforderung dar, erscheint es mir auch nur so, so werde ich es immer wieder, immer wieder, immer wieder von Neuem versuchen zu leben.

Die Wärme, die wir ausstrahlen, erwärmt unsere Mitmenschen und unsere Umgebung, aber sie verbrennen nicht, wir verbrennen sie nicht. Mag schon sein, dass manche Menschen das allerdings so empfinden. Wenn sie in unsere Nähe kommen, dass sie sich an uns die Finger verbrennen, und das ist auch gut so. Das ist deren Erfahrung. Und für diese Menschen wichtig. Nur von uns aus ist es eine wärmende Ausstrahlung, eine angenehme, keine vernichtende, auch wenn es uns ab und an mal erwischt und wir diesen Wunsch hegen, dass andere Menschen sich an uns die Finger verbrennen mögen. Gott Vater, Gott Sohn und Heiliger Geist, Mutter Maria, Herr Jesus Christ, Erzengel Raphael, Erzengel Gabriel, Erzengel Ariel und Erzengel Michael und viele andere göttliche Wesen empfinden die Begegnung mit uns als eine wunderbare, nicht enden wollende glückselige und freudig erhebende Vereinigung.

Ich bin All-Eins in mir. Du bist All-Eins in dir. Wir sind All-Eins.

Wärmende Schönheit, freudiges Strahlen, reinigender Regen. Der Morgentau erfrischend. So beginnen wir den morgigen Tag. Jeden Tag unseres Lebens. Hervorgehoben, hochgelobt und zugestimmt dem Aufstieg der geistig-spirituellen Entwicklung. Ich bin All-Eins in mir. Du bist All-Eins in dir. Wir sind All-Eins.

Wie wunderbar, mit welcher Sicherheit, mit welchem Selbstverständnis, mit welcher Selbstverständlichkeit und Bestimmtheit ist unser Sein unumstößlich mit Gnade und Segen erfüllt.

Wir sind zu Hause. Wir fühlen uns wohl. Sicherheit erfüllt uns, Stabilität, Durchsetzungskraft, Durchhaltevermögen, in allen Belangen unserer Persönlichkeit. Wir sind im Hier und Jetzt. Und sind wieder All-Eins. Herrlich, unbeschreiblich schön ist die Betrachtung unseres Wesens. Diese Einheit, diese Freude, diese Glückseligkeit.

Wir atmen einige Male durch und kommen wieder in unseren Wachzustand zurück.

Es ist ein angenehmes, wunder-, wunderbares Gefühl in mir, eine Sanftheit und gleichzeitig eine Stärke. Und ich liebe und lebe, was kommt … –

„Haus-Gestaltung“

Wir bauen nun ein Haus. Es ist unser Haus. Wir beginnen zu planen. Wir lassen jede Idee zu. Ob sie Bestand hat oder durch eine neue Idee ersetzt wird, haben wir in diesem Moment überhaupt nicht zu hinterfragen.

Es ist ein mehrstöckiges Haus. Es stehen mir ganz viele Gestaltungsmöglichkeiten zur Verfügung. Ich allein gestalte jetzt. Das Untergeschoss oder das Erdgeschoss? Wir nehmen das Erdgeschoss.

Wir gehen erst später in den Keller. Was möchte ich alles für Räume haben? Vielleicht ein schönes Vorzimmer oder Diele, wie man es auch gerne nennt. Sollte das groß sein, einladend oder enger und schmaler, damit man viele Räumlichkeiten unterbringen kann?

Ich finde es schön, wenn es einladender wäre, nicht so eng, sondern großzügig. Es gibt einen Raum, in dem ich, so wie man es früher als Salon benannte, einen Salon mache, so einen Empfangsraum vielleicht.

Wohin ich alle Menschen zur Begrüßung einladen kann. Die Innenräume kommen erst später. In der Nähe sollte ich die Möglichkeit haben für eine kleine Bewirtung. Für die Menschen, die ich in mein Haus lassen möchte. Oder auch im Notfall möglichst rasch wieder zum Verabschieden bringe. Vielleicht geht aus diesem Raum noch ein Weg ins Freie … auf eine Terrasse.

Vielleicht stehen da auch im Sommer ein, zwei Tische mit sehr bequemen Sesseln, die man gut stapeln kann, wenn man sie nicht mehr benötigt. Vielleicht gibt es da auch so einen gemauerten Blumentrog, den ich bepflanzen kann, je nach Möglichkeit.

Vielleicht gibt es da auch ein kleines Schwimmbecken. Und vielleicht ein paar Bäume, die uns einladen, sie zu berühren, sie zu umarmen, uns aufzutanken, uns aufzuladen mit der Kraft der Mutter Erde. Wenn es uns an Stabilität und Durchhaltevermögen mangelt. Vielleicht kann aber auch ich diesem Baum etwas geben, von meiner Energie, um ihn zum Blühen zu bringen, vielleicht sogar Früchte zu tragen.

Ich möchte aber auch von den Blicken von außen abgeschirmt sein. Es liegt mir fern, jedem Einblick in mein Reich, in meinen Garten, überhaupt in mein Haus zu gewähren. Es bedarf einiger Umprogrammierungen in mir. Dass ich auch die Abgrenzung gegenüber dem Äußeren zum Ausdruck bringe.

Wir kehren zurück in das Haus und können noch einige Räumlichkeiten im Erdgeschoss einrichten. Vielleicht einen Raum, wo man sich auch nur kurz zurückziehen kann. Vielleicht auch mit einer Couch oder einem Tisch oder, ganz egal, vielleicht mit einem bequemen Sessel oder einem Fauteuil, wo ich mich zum Loslassen hinsetzen kann. Natürlich auch eine Toilette. Vielleicht ebenso eine kleine Kochnische, möglicherweise einen Schrank, wo ich meine Schuhe aufbewahre.

Und nun gehen wir in das Untergeschoss. Auch das möchten wir einrichten. Vielleicht einen kleinen Sportraum, gar nichts Großartiges. Vielleicht einfach nur die Möglichkeit schaffen für sportliche Vergnügungen. Und ansonsten beherbergt dieses Untergeschoss noch ein Vorratslager oder, oder, oder … wir begeben uns wieder in das Erdgeschoss und gehen weiter hinauf in das Obergeschoss.

>>

>> „Haus-Gestaltung“

Das Wichtigste erscheint mir hier, einen Schlafplatz einzurichten. Mit einem großen ausladenden Bett, mit einem Fenster, das nach Osten gerichtet ist, wo die Morgenröte, das Aufsteigen der Sonne im Äußeren, mein Aufsteigen als die Morgenröte, als Sonne, intensiviert.

Es gibt noch andere Räume, die ich einrichten möchte, vielleicht einen Raum, wo ich all meine Kleidung – Röcke, Hosen, Blusen, Pullover, T-Shirts, eben alles zum Anziehen, unterbringe. Zusätzlich vielleicht noch zum Bügeln vorbereite, eventuell noch für meine Nähmaschine Platz ist. Ganz egal. Ich habe so viel Platz, so viele Möglichkeiten, ich kann es mir gestalten, wie ich es möchte.

Es gibt auch hier die Möglichkeit, aus einem der Räume ins Freie zu gehen. Vielleicht sogar aus dem Schlafraum, um meine Hände auszubreiten und um der Morgenröte meine Arme entgegenzustrecken und alles aufzusaugen. Oder … oder … Es gibt da noch ein Geschoss oberhalb, wie ich mir das gestalte, wie ich mir das ausmale, das lasse ich noch offen. Weil ich noch nicht weiß, wie es mit meiner Weiterentwicklung weitergeht, welche Gestaltungsmöglichkeiten ich dann noch benötige. Ergänzend noch etwas einrichten möchte oder kann … Ich will es eigentlich gar nicht wissen.

Aber ich bin mir sicher, und dessen bin ich mir vollkommen sicher, dass ich auch diese Räumlichkeiten noch benötige. Auch leere Räume haben eine große Wirkung. Nun habe ich vorläufig die Gestaltung meines Hauses abgeschlossen und lasse es ruhen, bis mir weitere Impulse zukommen. Dann gestalte ich weiter. Jedenfalls wärmt und schützt dieses Haus.
Wir kehren zurück in das Hier und Jetzt.

„Der Weg“

Wir setzen uns auf den Boden und machen unsere Atemübungen.

Wir sind erfüllt von der göttlichen Liebe und vom göttlichen Licht.

Wir erreichen das Ziel. Der Weg liegt ganz klar und deutlich vor uns. Wir dürfen, wir können diesen Weg beschreiten. Der uns dem Ziel näher bringt.

Es liegt an uns. Alle Kraft, alle Weisheit, alle Möglichkeiten sind gegeben. Inwieweit wir all diese Möglichkeiten in Anspruch nehmen, verwirklichen, liegt bei uns. Gott selbst hat uns mit diesen Möglichkeiten ausgestattet. Mängel, wo wir versucht sind, sie für uns zu entdecken, hervorzuheben, verblassen immer mehr und mehr. Die kommenden Affirmationen sind mit unserer Atmung in Übereinstimmung.

>>

>> „Der Weg“

Wir atmen tief ein.

Ich bin Bereitschaft. Ich bin Erlösung. Ich bin Atmung. Ich bin Erhörung. Ich bin Segen und Heil. Ich bin Prägung. Ich bin Freude.

(Pause)

Wir gehen in unser Inneres hinein und öffnen es. Welche Vielfalt von Schönheit, Freude, Kreativität ist in uns.

Wir atmen tief ein.

Ich bin Entfaltung. Ich bin Kreativität. Ich bin Schönheit. Ich bin göttliches Sein. Ich bin Höhenflug. Ich bin Stabilität. Ich bin Weisheit.

(Pause)

Wir atmen tief ein.

Ich bin Anmut. Ich bin Schönheit. Ich bin Vereinbarkeit. Ich bin Wahrheit. Ich bin göttliches Wissen. Ich bin göttliches Sein. Ich bin Frieden und Dankbarkeit.

(Aus)

Wir nehmen eine Haltung oder Position ein, so wie es für uns wohltuend und am angenehmsten ist.

Emanuel – Gott mit uns.

Raphael – Heilung, Heilwerdung der Seele. Heilung und Befreiung des Geistes. Heilung des Körpers. Heilung der körperlichen, seelischen und geistigen Zellen.

Wir bedürfen kaum noch mehr als dessen, was wir ohnehin schon in uns haben und um uns vorhanden ist.

Mehr, mehr noch möchten wir umsetzen. Mehr noch möchten wir verwirklichen. Mehr noch möchten wir sein.

Dabei sind wir schon ein Mehr. Ein Mehr aus Liebe. Ein Mehr aus Achtung. Ein Mehr aus Selbstverwirklichung. Ein Mehr der Freude. Ein Mehr der Güte. Ein Mehr der Wahrheit. Ein Mehr der Selbstverständlichkeit. Ein Mehr aus Glückseligkeit. Glaubensstärke, Selbstvertrauen, Selbstentfaltung, Selbstliebe, Selbsterkenntnis, Selbstverwirklichung, Selbsteinigkeit. Selbstwertgefühl und vieles, vieles mehr.

Es gibt unheimlich viele Möglichkeiten und Chancen, die wir freudig annehmen und umsetzen. Wir nehmen jede Gelegenheit wahr, um Gott in uns zu bejahen, zu verwirklichen, zu leben. Wir sind das Göttliche.

Wir begradigen viele Dinge, die krumm geworden sind. Wir nehmen die Spur auf, den Weg, den wir bereits beschritten hatten und den wir wieder verloren haben, verlassen haben.

Der Weg, der hinter uns liegt, war gekennzeichnet von vielen Tiefen und doch auch von vielen Höhen. Was geblieben ist, ist Erkenntnis, Erfahrung und Weisheit. Mangelndes Selbstwertgefühl mag sehr häufig die Ursache für Fehlschläge gewesen sein. Es gibt kein Zurück, kein Verändern. Es gibt aber ganz viel, was wir daraus gelernt haben und für die Zukunft als wertvolle Basis geschaffen haben. Es ist eine schöne Zuversicht, die nun unsere Seele erfüllt. Als Schutzmantel für unsere Füße, als Erleuchtung für unseren Geist zur Verfügung steht.

>> „Der Weg“

Es mag auch künftig so sein, dass der Weg mühsam wird. Vielleicht sogar steinig, vielleicht auch gefährlich. Wenn wir die Zustimmung dafür geben, werden wir durch diese Schluchten, durch diese Gefahren, durch diese Höhen und Tiefen hindurchgeführt. Glücklich und dankbar sehen wir das Ziel immer näher rücken. Unsere innere Stärke und Bereitschaft und Zustimmung ermöglichen uns, das vorgegebene, vorgenommene Ziel zu erreichen.

Es gibt nichts Abstraktes, Unmögliches. Es ist all das, was ich in mir und für mich geschaffen habe, aus dem Göttlichen entsprungen. Aus dem Göttlichen gereift. Aus dem Göttlichen entstanden. Mein Weg, mein selbst gewählter Weg kann nur von mir selbst beschritten werden. Ich gebe meine Zustimmung hiezu nun feierlich ab. Ohne diesen Weg, die Krümmungen, die Lasten und Belastungen zu erfragen, zu begründen, zu manifestieren. Erst in diesem Moment der Entstehung ist mir bewusst, welche Aufgabe, Herausforderung und welche Art der Lösung von mir erfüllt werden darf.

Wir strecken und dehnen uns … und kommen wieder zurück
ins Hier und Jetzt.

„Richtungsweiser – Weg“

Wir nehmen die OM-Haltung ein und atmen tief durch.

Wir begrüßen dich, geliebter Gott und Vater, Herr Jesus Christus, Mutter Maria, Heiliger Geist.

Ich bin Segen. Ich bin Erlösung. Ich bin Vergebung. Ich bin Mitgefühl. Ich bin Dankbarkeit. Ich bin Entwicklung. Ich bin Freude.

(Pause)

Es ist unsere Bestimmung, unser Weg, den wir gehen. Die Bestimmung, die Vorgaben, die Aufgaben haben wir uns schon lange, bevor wir uns entschieden haben, zur Welt, auf die Welt zu kommen, ausgesucht. Uns dafür entschieden. Welchen Weg wir gehen, das Wie entscheiden wir im Hier und Jetzt.

Wir atmen wieder tief ein.

Ich bin Vorgaben. Ich bin Vorausschau. Ich bin Priorität. Ich bin Reichtum. Ich bin Himmelfahrt. Ich bin Erquickung. Ich bin Labung.

(Pause)

Wenn ich für mich Prioritäten setze, mache ich Vorgaben, mache ich eine Vorschau, ganz locker, ganz ohne Zwang. Das Vorausschauende, das ist mein inneres Sehen. Ich weiß mit Sicherheit, wann der richtige Zeitpunkt gekommen ist. Durch meinen Impuls, den ich erhalte. Dankbar, frohgemut kann ich zur Planung, zur Bestimmung und zur Umsetzung gehen.

>>

Wir atmen wieder tief ein.

Ich bin Gnade. Ich bin Intuition. Ich bin Wahrheit. Ich bin Aufrichtigkeit. Ich bin Wahrhaftigkeit. Ich bin mein Weg. Ich bin meine Weiter-Entwicklung.

(Aus)

Göttliches Licht, göttliche Liebe erfüllt mich. Mein Blick ist klar und rein. Ich sehe einen Richtungsweiser. Der Richtungsweiser trägt meinen Namen. Ich sehe ihn mir an. Ich habe mich entschieden, diesen Weg zu gehen. Ich lasse mich von meinem Weg nicht abhalten durch äußere Einwirkungen, Umstände und Vorkommnisse. Es wird immer wieder, schon von Anbeginn meines Vorhabens an, diese Widerstände geben. Es liegt an mir, diese Widerstände anzunehmen oder alles zertreten zu lassen, was ich mir vorgenommen habe. Oder ich entscheide mich für meine Vorhaben, gegen alle diese Widerstände trotzdem weiterzugehen, alles umzusetzen. Meine Priorität trägt meinen Namen. Ich beginne nun diesen Weg zu gehen.

Ich sehe einen wunderbaren Weg. Es ist eine wunderbare Landschaft. Ich sehe nun viele Bäume und ganz wundervolle Wiesen mit vielen vielfältigen Blumen. Sie wurden extra für mich gesät. Um mir meine ganz persönliche Vielfältigkeit bewusst zu machen. In welchen Farben ich auch immer auftreten kann, sie ausstrahlen kann. Die Bäume stehen für mich als meine Eckpfeiler. Die Bäume zeigen mir aber auch meine Stabilität, meine Festigkeit. Vielleicht war es am Beginn noch ein junger Baum, der sich noch von Witterungen und Naturgewalten beeinflussen hat lassen. Von Äußerlichkeiten sich beugen hat lassen. Auch das war ich und das bin ich. Ich

bin gewachsen.
Ich sehe nun schon einen stärkeren, besser im Boden verwurzelten Baum. Dieser Baum bin ich, er wächst, wird von Tag zu Tag stabiler, fester, ist mit der Mutter Erde stark verankert. Auch die Baumkrone wird kompakter, trägt vielleicht schon ganz viele Blätter. Bekommt immer mehr Zweige und Äste. Das zeigt mir wiederum meine Vielfältigkeit, meine Entwicklung an.

Und so kann ich weitergehen, auf diesem Weg, der auch mir manches Mal Hindernisse bringt. Steine, die ich vielleicht noch wegkicken oder wegrollen kann. Aber es scheint auch manches Mal ein großer Stein zu sein, der mir den Weg so versperrt, dass ich ihn nicht mehr zu beschreiten vermag. So, dass ich einen Umweg zu machen habe oder eben diesen Stein bezwingen, erklimmen soll. Und hoch oben dann auf diesem Felsen stehe.

Welch wunderbare Erkenntnis. Ich habe jetzt diesen Stein, diesen Berg erklommen. Und weil ich das getan habe, habe ich jetzt einen wunderbaren Blick über ganz viele Täler, über eine wunder-, wunderbare Landschaft. Wäre ich da nicht hinaufgestiegen und hätte ich diese Strapazen nicht auf mich genommen, wäre mir dieser Blick verloren gegangen, hätte ich dieses Erlebnis nicht gehabt. Wiederum welch wunderbare, erhebende Erkenntnis.

Ich stehe nun auf diesem Berg, auf dieser Bergspitze, wie ein Gipfelkreuz, weithin sichtbar, weithin strahlend. Es mag sich für manche Menschen wie ein Mahnmal anfühlen, für andere wiederum zeigt es, wie wichtig es ist, diese Strapazen auf sich zu nehmen und auf diesen Berg zu gehen.

Eine andere Sichtweise zu erhalten. Und auch darüber hinaus noch sein Licht auszustrahlen. Wenn ich mich so hineinfühle in mich selbst, da oben auf der Bergspitze, erfüllt mich eine Freude über meine Leistung, über die Bewältigung dieser Aufgabe, dieser Herausforderung. Ich fühle mich wirklich hoch oben erhoben. Ich fühle mich jetzt stark, kräftig, weithin hörbar und sehbar. Ausstrahlend. Ich fühle jedoch auch, welch enorme Verantwortung nun für mich gekommen ist, die ich habe. Die Verantwortung in erster Linie für mich. Klarheit zu schaffen in mir. Und vielleicht auch das Versprechen, weitere Herausforderungen, Anstrengungen und Belastungen auf mich zu nehmen. Um mir selbst und den anderen Menschen und Gott in mir zu dienen, zu verherrlichen und mich zu beweisen.

Wenn ich da oben auf der Bergspitze stehe, bin ich allen Naturgewalten völlig ausgeliefert. Es bedarf eines Schutzes. Eines Schutzes um mich und in mir. Gegenüber dem Äußeren. Es bedarf aber auch gleichzeitig des Schutzes in mir. Und das Vorhaben, das Versprechen, mich meiner Aufgabe, meinem Versprechen zu stellen. Es bedarf einer enormen inneren Weisheit und Stärke, diesen Weg zu gehen. Schon der erste Schritt zurück ins Tal, zurück in die sogenannte reale Welt hat seine Tücken. Eine Unachtsamkeit, ein kleines Stolpern kann schon zum Hindernis werden. Das Stolpern ist aber nur ein Hinweis darauf, dass ich jetzt vielleicht versuchte, mein Versprechen doch wieder so umzumodeln, so zu verändern, um möglichst alle Veränderungen, Hindernisse, Herausforderungen, Belastungen nicht mehr annehmen zu müssen oder zu sollen.

Vielleicht lag es auch an der mangelnden Ausrüstung. Die ich mir nicht geleistet habe. Die Ausrüstung heißt Zeit für mich, Wertschätzung. Ich habe mich zuvor zu wenig um diese Ausrüstung, um meine persönliche Wertschätzung gekümmert.

Es war nicht fest genug, das Schuhwerk, das ich mir angezogen habe. Die Wertschätzung war oberflächlich, vermeintlich gut. Hier merke ich aber erst, dass es eines besseren Schuhwerks bedarf. Vielleicht sogar welche, die nach außen hin eine Panzerwand sind oder Metallstifte besitzen, damit ich nicht abrutschen kann.

Also ist auch dieses Hindernis sehr, sehr lehrreich gewesen. Hat mir wiederum eine Erkenntnis, eine sehr wichtige Erkenntnis gebracht. Ich gehe weiter. Es ist nicht mehr so kühl. Es wird schon wärmer, vielleicht werde ich auch etwas leichtsinnig und lege die Oberbekleidung ab, ziehe vielleicht etwas zu viel aus. Öffne mich zu sehr.

Bin nicht mehr gewappnet gegen die scharfen Winde, gegen den starken Regen, gegen den Frost. Frost und Winde und Regen können mir Schaden zufügen. Ich ziehe mir im geringsten Fall vielleicht eine Erkältung oder eine schwere Erkrankung zu. Ich habe es zugelassen, dass die scharfen Winde, die scharfen bösen Zungen, die scharfen bösartigen Gedanken meiner Mitmenschen mir zu nahe kommen konnten. Und mich innerlich krank machen. Beim Regen, ein Regen, der mich aufweicht, innerlich mürbe macht.

Es geht hier nicht um den Regen, der mich reinigt und befreit von inneren Zweifeln und Ängsten, sondern der alles auflöst, was ich mir schon erschaffen habe. Ich habe eine viel zu geringe Konsistenz des Schutzes geschaffen, ich habe ihn noch zu wenig verfestigt und gefestigt. Es mag viele Gründe dafür geben, dass äußere Umstände uns mürbe machen. Und Das-auf-dem-Weg-bleiben-Wollen immer schwieriger und völlig ausweglos erscheint. Mich empfinden lässt. Keine Perspektiven mehr aufzeigt, die Sinnhaftigkeit verloren gegangen ist. Ich keine Berühmtheit mehr bin, die sich über diesen Fortschritt freuen kann, über diesen Erfolg. Ich habe es zugelassen. Und auch noch der letzte Samen, der in mir war, könnte durch die Stacheln, durch die Hagelkörner vernichtet werden.

Diese Erkenntnis war für mich ein wichtiger Schritt auf dem Weg zum geistig-spirituellen Aufstieg. Ich habe mich zu wenig geschützt, ich habe mich zu sehr aufgemacht. Die Möglichkeit geschaffen, mich zu verletzen, zu vernichten, aufzulösen, mürbe zu machen. Die Unvorsichtigkeit hat einen Schaden angerichtet. Wenn ich spüre, dass ich in meiner Überschwänglichkeit zu Leichtsinn neige, werde ich achtsamer damit umgehen lernen und selbstverständlich auch danach handeln.

Der Weg, den ich beschreite, birgt auch noch andere Gefahren. Gefahren insofern, dass sich ein Felsbrocken lösen könnte und mich darunter begräbt. Dieser Felsbrocken ist die allgemeine Meinung, das vorherrschende Denken. Das Denken und die riesengroße Angst vieler, vieler Menschen.

Statt dass sie sich aus dieser Angst herausbegeben, begeben sie sich immer mehr hinein, und sie wächst und wächst und wächst und wird somit übermächtig. Und so wird auch heute diese Übermacht von vielen Menschen geschürt. Weil sie genau wissen, dass das Angstpotenzial vorherrschend ist. Wie gut und wie stark ich bin, dass ich die Angst in das Gegenteil, in die Freude, in die Zuversicht, in die Stabilität und in die Bejahung umkehren kann. Mich auch anderen Herausforderungen noch zu stellen. Ohne mich durch das Schüren der Angst, der Umwelt, der Mitmenschen, der Politik beeinflussen zu lassen. Der Menschen, die das Weltgeschehen in ihren Händen haben. Ich lasse es nicht zu, dass mich dieser Felsbrocken der Angst unter sich begräbt.

Ich lasse es nicht zu, dass dieser Felsbrocken der Angst mir meinen weiteren Weg, meinen Fortschritt, meine Weiter-Entwicklung behindert. Es gibt viele, viele Lehren. Und es entstehen immer wieder neue Lehren, neue Ansichten, neue Dogmen. Sie haben eine so wunderschöne Verkleidung, vermitteln Licht, Zuversicht, Erfolg nach außen. Es ist glänzend, es ist bunt, es ist einladend. Sie erscheinen aufrichtig und wahrhaftig. Sie verwenden auch das Wort Gott, das Wort Licht, das Wort Frieden, das Wort Freude.

Im Inneren brodelt aber der Vulkan der Vernichtung, der Trauer, der Unwahrheit. Des Beherrschen-Wollens und im Endeffekt die völlige Vernichtung. Ich fühle zu dieser Zeit in mich hinein. Unterliege ich diesen Verlockungen, diesem wunderbar zu empfindenden, ausstrahlenden Getöse, gebe mich diesem hin und vertraue ich dem?

Es ist legitim und auch wichtig, sich das anzusehen und anzuhören, um dann selbst zu entscheiden. Wo bleibt der echte Wahrheitsgehalt dieser blendenden und verblendenden Aufmachung. Wieder eine Bewährungsprobe für mich. Wenn ich nach dem Äußeren handle, werde ich dem unterliegen. Es ist ja so einfach, sich dem anzuschließen, das fühlt sich alles so gut und so wahrhaftig an. Und ich kann diesen Aufgaben, vielleicht auch oft schier unmöglich erscheinenden Aufgaben aus dem Weg gehen, wenn ich diesen lichten, vermeintlich lichten, hellerleuchteten Weg, der da vorgezeigt wird, gehe.

Ich gebe meine Verantwortung ab und übertrage es dieser Gruppierung. Der wahre Wert, die Wahrhaftigkeit bin ich. Ich ganz allein. Es ist sicherlich richtig, dass auch ich selbst in mir nicht immer die Wahrheit erkenne oder erkennen möchte. Ich möchte so gerne ein Schleichwegerl begehen, das weniger strapaziös ist als der andere Weg.

Es ist durchaus richtig, dass man versucht, sich auch davonzustehlen und eine Aufgabe, eine Herausforderung nicht anzunehmen. Eines ist gewiss, die Aufgabe, die Herausforderung habe ich mir selbst erwählt und ausgesucht. Diese Aufgabe, die Herauforderung ist unabänderlich. Jedoch, wie ich sie angehe, liegt völlig bei mir, bei mir allein.

Eines sollte mir aber bewusst sein. Dass ich diese Aufgabe, diese Herausforderung mir nicht dadurch erleichtere, indem ich sie vor mir herschiebe, hinausschiebe, verdränge, ignoriere – sie bleibt vorhanden. Und es hat nur zur Folge, dass ich selbst meine Weiterentwicklung mit dem Hinausschieben, Ignorieren, Wegschieben behindere.

Das heißt, dass ich meine Entwicklung, meine Weiterentwicklung ebenso, hinausschiebe und ignoriere. So bestätige ich jetzt nochmals und aus tiefstem Herzen, ohne im Hinterkopf bereits wieder Ausflüchte in mir zuzulassen, dass ich diesen Weg gehe. Dass ich durch meine innere Stabilität und mein inneres Durchhaltevermögen die Bejahung, die Zustimmung so stark verankere, dass all diese Widerstände und Hindernisse mich aus dieser Verankerung nicht völlig herausheben können.

Wir nehmen uns selbst in unsere Hände, sehen uns, betrachten uns. Wo ist es notwendig, die Verstrebungen, die Basis, die ich geschaffen habe, noch zu verstärken? Wo mangelt es bei mir, ist es die Disziplin, mein Durchhaltevermögen? Ist es das Sich-gehen-Lassen, sich Bemitleiden? Ist es das Davonstehlen? Ist es die scheinbare Pflichterfüllung anderen Menschen gegenüber, die bewirkt, die Pflicht, die ich selber mir gegenüber habe, zu übersehen, zu vernichten? Die Wichtigkeit mich nicht mehr erkennen lässt?

Renate
3.8.99

Es gibt sicherlich noch so manch anderes, was ich vorschützen kann, um etwas nicht zu tun oder tun zu müssen. Mir vorzugaukeln, es ginge auch anders, ohne diese Herausforderungen. Ich schütze mein Inneres, indem ich diese Basis für mein Inneres und Äußeres geschaffen habe. Das Durchhaltevermögen, die Stabilität, die Verantwortung und Priorität mir gegenüber. Dann kann ich nach außen gehen und auch die äußere Hülle schaffen. Indem ich mich von Schönfärberei, aber auch von Angstmacherei, von Verteufelungen distanziere, abschotte, abschließe.

Das gelingt mir jedoch nur, wenn ich diese Basis geschaffen habe. Schwächeanfälle wird es immer wieder geben, auch das Infragestellen, aber es wird mich niemals so schwach und so krank machen, dass ich nicht mehr fähig bin, wieder neuerlich mein inneres Haus, meine Festung, meine Basis herzustellen. Dass der Schaden, der angerichtet wurde, wieder behoben werden kann. Den Weg zu gehen.

Ich gebe mir das Versprechen, mit Achtsamkeit, Achtung, Respekt und bedingungsloser Liebe und Geduld mit mir selbst umzugehen. Dank sei Gott, dem Herrn. Der ich bin, das Göttliche, das ich bin. Das mich ausmacht. Amen.

„Aufschreiben“

Wir begrüßen das göttliche Licht in uns und um uns. Wir bitten um Erleuchtung und Führung. Dank sei Gott, dem Herrn.

Aufschreiben … so ebnest du deinen Weg zur Weiterentwicklung … die Auswirkungen unseres inneren Wahrnehmens … unseres inneren Sehens … unseres inneren Hörens. Ist meistens nicht so spektakulär … das ist wichtig, zu erkennen und zu wissen … Wenn ich beginne, diese nicht so großen und spektakulären äußeren Dinge aufzuschreiben, und mir bewusst bin, welche göttliche Führung dahinter steht und auch danke sage, auch DANKE aufschreibe … lege ich das Fundament, die Basis auch für die leisen, intuitiven Informationen, um sie wahrzunehmen.

Es ist oft nur ein unbegründeter, nicht erklärbarer Impuls, mich hinzusetzen, etwas aufzuschreiben, ohne zu wissen was. Ich schreibe: Ich weiß nicht, was ich aufschreiben soll – weil ich nicht weiß, was ich aufschreiben soll … Durch das Aufschreiben schalte ich meine Erwartungshaltung aus. Die Intuition, die göttlichen Informationen sind keine Marktschreier-Informationen. Es ist am Anfang meist sehr, sehr leise. Später wird es schon vermehrt drängender. Es setzt eine gewisse Form der Konsequenz voraus.

Du bist das erste Klingelzeichen am Morgen, du bist das erste Licht, das du erblickst – die erste Morgenröte – DU bist sie. Du bist der Mond und die Sterne, die dir zu Füßen liegen und deinen Schlaf behüten. Es war nun das Gefühl da … das weiß ich eh alles, das kenne ich alles, ich mache es auch … Ja, aber … ja, aber … Du bist nun zu diesem Seminar gekommen, um hier Anregungen, Hilfestellungen zu bekommen … damit du diesen Weg gehen kannst … Sonst ist es rausgeschmissenes Geld.

Dann fehlt die Ernsthaftigkeit … dann ist es um das Geld und die Zeit schade. Ein klein wenig weniger sich um andere zu sorgen und umsorgen … ein klein wenig mehr an DICH zu denken. Es hat gar nichts mit Egoismus zu tun. Egoismus ist es nur dann, wenn man mit seinem Verhalten jemand anderem einen Schaden zufügt oder Schmerzen verursacht. Es gehört eine Disziplin, ein Durchhaltevermögen dazu, um diesen Weg zu gehen. Die Herausforderungen werden intensiver, doch durch die angesammelte Kraft schafft man nicht nur die scheinbar kleineren Herausforderungen. Banalität des Aufschreibens wird umgewandelt und in eine Selbstverständlichkeit übergehen. Die Prioritäten sollten sich verändern … durch die Selbsterkenntnis der Wichtigkeit.

Tätigkeit ist mit dem TUN im Einklang. Annehmen der Herausforderung. Freude darüber, dass man etwas erledigt, geschafft hat.

Dass du Veränderungen freudig entgegenstrebst … du dich öffnest …

Das Tempo – nicht vom Kopf –, sondern das Tempo deiner Intuition … die Pflege deines Pflänzchens in dir – es ist ein Richtungsweiser für dich …

Entwicklungsschritte – Eingriffe … – zu fast 98 Prozent weiß man nicht, wie es gemacht wurde. Es könnten … eigenartige Formulierungen … und anderes mehr in Erscheinung treten. Gestaltung … Selbst–Gestaltung … die Gestaltung DEINES Lebens. Umsetzungswille.

Wir sind nun wieder im Hier und Jetzt und beginnen mit der Umsetzung der vorangegangenen Erkenntnis und ihr den gebührenden Platz einzuräumen und sie zu verwirklichen.

Erklärung der Einzelteile des Symbols

Blume des Lebens

Wurde bereits im alten Ägypten in die Steinwände eingemeißelt und auch auf der Smaragd-Tafel von Thoth dargestellt. Die Blume des Lebens wird als Schöpfung, Bildnis Gottes und Lebenskraft bezeichnet. Vor allem ist sie unter der Bezeichnung „Heilige Geometrie“ bekannt.

Auch wenn ich in der Geometrie nicht so zu Hause bin, fühle ich ganz tief in meinem Inneren eine Wichtigkeit und ein enormes Vertrauen in die Gesamtheit meines Symbols. Es gewinnt von Tag zu Tag mehr an Bedeutung, die man nicht wirklich erklären kann. Vielmehr erfühlen. Sich in ihm geborgen fühlen kann.

Dodekaeder

Platon erkannte den Dodekaeder als ursprünglichen Erdkristall, einen Kristallkörper, der mit zwölf fünfeckigen Facetten die Erde umspannte. In der Zahl Fünf ruht die Energie der Durchdringung der Bewusstseinsschleier, der Kommunikation zwischen den Dimensionen, der Vermählung des Geistes mit dem Körper.

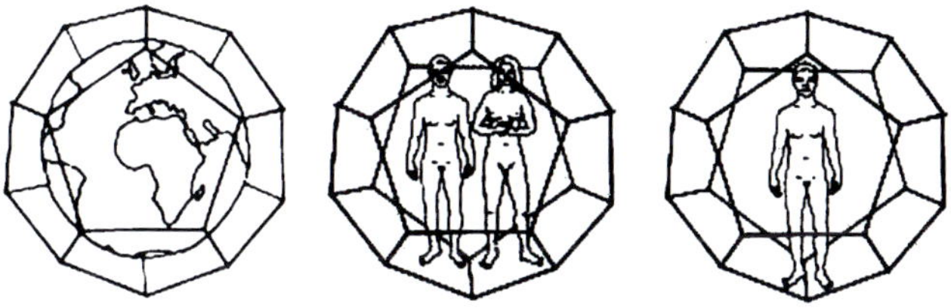

In der Zwölf liegt die Energie des Aufstiegs durch vollkommenes Gleichgewicht. In der 60 (5x12) liegt die Energie der Vollendung eines Erdenzyklus, der durch Aufstieg, Öffnung der Schleier und Verschmelzung mit den höheren Dimensionen geschieht. In diesem Kristall ruht von Beginn an euer Erbe und die Prophezeiung eures Lebens. Diese 60 findet ihr im Dodekaeder allerdings nur theoretisch, nämlich als 60 Randlinien der zwölf Fünfecke, die sich zu 30 Kanten zusammengeschlossen haben. Sechs männliche und sechs weibliche Flächen besitzen 30 männliche und 30 weibliche Kanten in der untrennbaren Verschmelzung.

Daher war die 60 lange ein reines Potenzial auf Erden, ein Versprechen des EINEN, der euch in die Welt der ZWEI gesandt hat, um eine Vielheit zu erschaffen. Sie war die Garantie eurer Rückkehr, die viele von euch in den Zeiten der Dunkelheit vergessen haben. Doch der Tag sollte kommen, da sie in Erfüllung geht und das Potenzial des Ur-Lichtes und des Ur-Dunkels zu kristalliner Schöpferkraft auf Erden wird – und diesen Tag habt ihr schon hinter euch. wikipedia

Goldener Schnitt

Der **Goldene Schnitt** (lat. sectio aurea) oder auch die göttliche Teilung (lat. proportio divina) ist ein bestimmtes Verhältnis zweier Zahlen oder Größen. Zwei Strecken stehen im Verhältnis des Goldenen Schnittes, wenn sich die größere zur kleineren Strecke verhält wie die Summe aus beiden zur größeren.

Das Verhältnis Φ (Phi) zwischen der größeren und der kleineren Seite wird **Goldene Zahl** genannt. Sie hat den Wert

$$\Phi = \frac{1+\sqrt{5}}{2} = 1{,}6180\ldots .$$

Streckenverhältnisse im Goldenen Schnitt werden in der Kunst und Architektur oft als ideale Proportion und als Inbegriff von Ästhetik und Harmonie angesehen. Darüber hinaus tritt das Verhältnis auch in der Natur in Erscheinung und zeichnet sich durch eine Reihe besonderer mathematischer Eigenschaften aus. wikipedia

Fibonacci Reihe

In einem engen Zusammenhang zum Goldenen Schnitt steht die unendliche Zahlenfolge der Fibonacci-Zahlen:

0, 1, 1, 2, 3, 5, 8, 13, 21, 34, 55, 89, 144, 233 ...,

die auf Leonardo da Pisa, genannt Fibonacci, im 13. Jahrhundert zurückgeht. Die jeweils nächste Zahl in dieser Folge erhält man als Summe der beiden vorangehenden. Das Verhältnis zweier aufeinanderfolgender Zahlen der Fibonacci-Folge strebt gegen den Goldenen Schnitt (siehe Tabelle), ein Umstand, der bereits Johannes Kepler bekannt war. Das rekursive Bildungsgesetz an + 1 = an + an − 1 bedeutet nämlich
Verwandtschaft mit dem Goldenen Schnitt.

Wie von Johannes Kepler festgestellt wurde, nähert sich der Quotient zweier aufeinanderfolgender Fibonacci-Zahlen dem Goldenen Schnitt • an. Dies folgt unmittelbar aus der Näherungsformel für große n: wikipedia

Die Gesamtheit des Symbols ist

A T R E A = Christusbewusstsein

Unterstützung auf dem geistig-spirituellen Weg zum Aufstieg. Sprich, die Intuition einfach mehr wahrzunehmen, zu erleben, in das tägliche Leben einströmen zu lassen, einzubinden und miteinander zu verbinden. Somit ist unser Sein eine Gesamtheit, ein Zusammenwirken von ALLEM. Für mich ist diese harmonische Verbindung zwischen den einzelnen Kreisen so wunderbar. Die Betonung liegt auf „harmonische“ Verbindung.

Schlussbemerkungen

Ein berühmter Mensch sagte einmal, wer aus seinem Schicksal ein Machsal gestalten kann, hat die Welt besiegt.

Das nehme ich auch für mich in Anspruch. Auch wenn ich schon manches Mal entmutigt war, vor allem deshalb, weil ich es nicht gewohnt bin, dass meine Vorhaben bis zur Realisierung so lange dauern.

Ich erhielt eine riesige Hilfe durch meinen ganz lieben Freund Reinhard, der mir Folgendes schrieb: „Liebe Grüße und: ‚Aufgeben tut man nur einen Brief' – aber das muss ich dir bei deiner beruflichen Vergangenheit ja nicht erklären …" und: Eine Antwort eines Verlags kann bis zu acht Monate dauern, wie ich aus eigener Erfahrung weiß."

Ihr könnt euch sicherlich vorstellen, dass mir diese beiden „Aussagen" enorm geholfen haben. Auch wenn man es weiß, ist es doch etwas anderes, wenn man wieder mal darauf gestoßen wird. Ich kann dazu nur sagen, es hat mich wieder motiviert, nach oben katapultiert.

Ein Gefühl der Sicherheit, der Stille, der Ruhe überkommt mich, ich gehe in die Stille.

Ich fungiere als Wegbegleiter, als Schüler + Lehrer zugleich auf dem Entwicklungsweg.

Ich erhielt die Aufforderung, dieses Mail zu senden.

... wenn du Hinweise durch mich, aber auch durch andere Menschen bekommst, bleibst du noch immer du und deine eigene Persönlichkeit. Manipulativ zu wirken schadet dir und anderen und ist verantwortungslos. Sorgsam darauf achten, denn die innere Stimme ist weder aufdringlich noch laut, sie ist immer still, leise. EHRLICH UND WAHRHAFTIG. Es bleibt kein Zweifel der Unrechtmäßigkeit oder des Aberglaubens. Die Überheblichkeit beginnt dort, wo man die Hinweise, die wir durch menschliche Vermittler erhalten, als ungerechtfertigt, nicht authentisch, nicht wahrhaftig und aufrichtig und pure Glaubwürdigkeit anerkennt und WERT-schätzt. Wir würden diesen Menschen nicht begegnen, wenn wir nicht etwas daraus für uns Wertvolles erkennen sollen. Ohne uns dabei schlecht, minderwertig zu fühlen. Unsere eigene Wertschätzung schenkt uns die Gnade des ERKENNENs und des VERSTEHENs. Manches Mal stellt es auch eine Prüfung, Herausforderung unserer eigenen Persönlichkeit dar. Daran können wir erkennen, wie hoch bereits die Latte ist, wo wir stehen. Selbstverständlich gibt es auch Stillstand. Stillstand, welchen wir dringend benötigen, um Kräfte und Energien zu sammeln. Uns selbst liebevoll, großzügig, dankbar anzunehmen gehört wohl zu den schwersten Aufgaben. Sicher vertrauen wir uns der göttlichen Führung an. Dem, der uns erschaffen und den freien Willen geschenkt hat. Führung stellt eine Hilfe dar, ohne Erwartung, sie auch anzunehmen. Die Freiheit ist uns geschenkt worden, für das, mit dem oder ohne das Göttliche zu leben. Freiheit ist Glaube an das, was existiert und von uns geformt, gelebt werden DARF. In tiefer Achtung vor deinem Sein wünscht dir Renate Angela eine gute Nacht.

Vielleicht werde ich ein zweiter Celestin?

Celestin oder Coelestin? Die Prophezeiungen von Celestine ist ein 1993 veröffentlichter Roman von James Redfield. Bis Mai 2005 wurden weltweit über 20 Millionen Kopien verkauft (Die ersten 10.000 verkaufte er aus dem Kofferraum seines Autos, bis der Verlag Warner das Buch annahm. Das Buch wurde in 34 Sprachen übersetzt. Der gleichnamige Film, basierend auf dem Buch, wurde 2006 veröffentlicht. Redfield begann 1989, sein erstes Buch zu schreiben. Doch die Publikationszeit von zwei Jahren, welche eine Veröffentlichung durch einen etablierten Verlag verlangt, erschien ihm zu lang.

1993 veröffentlichte er Die Prophezeiungen von Celestine deshalb als Taschenbuch in Eigenproduktion und verteilte es an ausgesuchte, alternative Buchhandlungen. Größtenteils durch Mundpropaganda wurde es zu einem Erfolg und immer mehr Nachbestellungsanfragen gingen bei James Redfield und seiner Frau Salle Merrill Redfield ein. 1994 sicherte sich Warner Books die Rechte, Die Prophezeiungen von Celestine als gebundenes Buch zu veröffentlichen. wikipedia

Bis jetzt haben sich nur jene Verlage gemeldet, die mein Buch nur mit einem Kostenbeitrag zu veröffentlichen bereit sind. Vielleicht ergibt sich daraus ja ein Dominoeffekt.

Ihr bekommt einen riesengroßen Werkzeugkoffer mit auf den Weg, was ihr davon verwendet, ist eure Angelegenheit ... ich biete es nur an, zeige die Möglichkeiten der Handhabung auf ...

Es ist mir schon klar, dass nicht jeder alles verwenden wird, handhaben kann, aber es ist sicher für jeden einiges dabei – an diesen Werkzeugen – was jeder verwenden wird können, anwenden und für sich nutzbringend einsetzen, erfolgreich damit umgehen lernt, und es obendrein noch Freude macht, weil es zum gewünschten Erfolg führt.

Ein Multifunktionskasten-Werkzeugkoffer, der eine Lebensqualitätsverbesserung herbeiführt. Gedanken haben eben eine große, riesengroße Macht – sie entscheiden über die Qualität, ohne die Quantität zu beachten oder zu ignorieren, zu entscheiden. Entscheidend sind die Ernsthaftigkeit und die Ehrlichkeit und die Wahrhaftigkeit. Der Nutzen aus diesem beginnt mit dem Start zur Selbstentwicklung.

Dank

Mein besonderer Dank gilt dem Göttlichen, das mich über viele Jahre sanft und doch nachhaltig an das Schreiben meines Buchs herangeführt hat. Viele, viele, unzählige Schritte und Anläufe waren notwendig, um mich so weit zu bringen.

Mein lieber Freund Reinhard M. Czar hat mir durch seine Unterstützung zuerst Mut gemacht und dann auch noch als Lektor mit enormer Geduld und Ausdauer mein Buch bearbeitet. Ohne ihn wäre dieses Buch sicherlich nicht veröffentlich worden. Ich danke ihm aus tiefstem Herzen.

Ebenso möchte ich mich bei Christian Wallner für die Gestaltung und das Einbringen seines Ideenreichtums recht herzlich bedanken.

All meinen Schülerinnen und Schülern danke ich für ihr Vertrauen, das sie mir entgegengebracht haben. JEDER Mensch – egal, wie beladen er gewesen sein mag, war eine Bereicherung. Manche Menschen durfte ich – so lange der Mensch eben SELBST wollte – ein größeres oder kleineres Stück Weg begleiten. So manches Mal durfte ich durch die göttliche Kraft auf die Entwicklung, den Fortschritt eines Menschen Einfluss nehmen. Welch ein Segen, dies erleben zu dürfen, dies erkennen zu dürfen und den Menschen zu ermutigen weiterzuschreiten. An der eigenen Entwicklung sich zu erfreuen.

Und selbstverständlich auch meinem Sohn Christian Hubert Dank, der mir mit seiner bodenständigen Verwurzelung einige Hinweise gab, mich vor allem im Endstadium sehr unterstützte. Und ich danke dir auch dafür, dass du mich als Mutter erwählt hast. So habe ich unendlich viele Chancen für meine Weiterentwicklung erhalten.

A

T T

R R

E A E